我国劳动争议
处理制度问题研究

陈慧 著

民主与建设出版社
·北京·

© 民主与建设出版社，2024

图书在版编目（CIP）数据

我国劳动争议处理制度问题研究 / 陈慧著 . —— 北京：
民主与建设出版社，2024.3
ISBN 978-7-5139-4568-4

Ⅰ.①我…　Ⅱ.①陈…　Ⅲ.①劳动争议 – 处理 – 研究
– 中国　Ⅳ.①D922.591.4

中国国家版本馆 CIP 数据核字（2024）第 071056 号

我国劳动争议处理制度问题研究
WOGUO LAODONG ZHENGYI CHULI ZHIDU WENTI YANJIU

著　　者	陈　慧
责任编辑	廖晓莹
封面设计	图美之家
出版发行	民主与建设出版社有限责任公司
电　　话	（010）59417747　59419778
社　　址	北京市海淀区西三环中路 10 号望海楼 E 座 7 层
邮　　编	100142
印　　刷	北京协力旁普包装制品有限公司
版　　次	2024 年 3 月第 1 版
印　　次	2024 年 6 月第 1 次印刷
开　　本	710 毫米×1000 毫米　　1/16
印　　张	12.25
字　　数	200 千字
书　　号	ISBN 978-7-5139-4568-4
定　　价	69.80 元

注：如有印、装质量问题，请与出版社联系。

前　言

　　随着我国社会主义市场经济体制改革的不断深入，企事业单位劳动用工制度的不断完善，劳动者和用工单位双方法律意识的逐步提高，劳动争议逐渐成为社会关注的热点问题。劳动争议案件呈现出复杂化、多样化的特点。既有因签订、解除劳动合同引起的纠纷，又有因工资报酬、保险、福利、医疗、工伤等待遇不能落实引起的争议；既有对辞职、辞退、开除等处理决定不服引发的争议，又有因劳动者户口、人事档案和社会保险关系办理等因素引起的劳动争议。而现实的劳动争议解决过程尚存在着查证难、适用法律难、执行难等一系列困难。我国现行"一调一裁二审"的劳动争议处理模式需要进一步完善。《中华人民共和国劳动争议调解仲裁法》是我国劳动争议处理机制的基础性法律，但在调解渠道的设计、仲裁作为诉讼的前置程序、裁审衔接等问题上仍然存在不足之处，制约了劳动争议的顺畅解决。进一步完善劳动争议处理制度，有利于推动我国劳动争议处理制度的司法化改革，进一步全面保障劳动者权益。

本书从介绍劳动争议的概念、特征及分类入手，依次介绍了劳动争议处理机制的特点和分类。在回顾了我国劳动争议处理制度发展史后，介绍了其现状并按照协商、调解、仲裁、诉讼四个各有不同又先后衔接的处理程序，总结了各个程序中存在的问题。接下来介绍了英国、美国、德国、法国和日本等发达国家的相关立法和司法经验，并对其能为我国所借鉴的经验加以总结。最后，结合我国国情和传统文化，提出了一系列完善现行制度的建议和设想，包括明确调解协议的效力，建立独立的仲裁机构，设立专门的劳动法庭，由"仲裁前置"改为"裁审自由选择"模式等。

笔者既是一名高校教师，也是一名兼职律师。在十余年的劳动法教学中，在诸多劳动争议案件的办理过程中，深深体会到劳动者权利保障中的诸多阻碍之处，对现行劳动争议处理制度应完善之处也有一定的深刻认识。理论与实践是一个相互验证、相互提高的辩证过程，笔者从书本到实践，再从实践到书本，在反复的思考与沉淀中，不断总结各种教训和经验，试图通过本书的梳理与总结，探索出一条完善我国劳动争议处理机制的新路径。

目　录

第一章
劳动争议处理制度概述

第一节 劳动和劳动关系

一、劳动

对基本概念的界定是理论的起点，每个部门法中的基本概念都是其所在法律大厦的基石。对于劳动法来说，劳动就是这样一个概念。要理解劳动争议处理，就要理解什么是劳动争议。要理解劳动争议，就要理解什么是劳动。

关于劳动的概念，我们要回到马克思的经典著作中去寻找定义。马克思从不同的角度给出了关于劳动的不同界定。在《1844 年经济学哲学手稿》中，马克思提出，"劳动是人在外化范围之内的或者作为外化的人的自为的生成"[1]。在《德意志意识形态》中，马克思给出了关于劳动概念的新的解说。"人们为了能够'创造历史'，必须能够生活。但是为了生活，

---

[1]《马克思恩格斯文集（第一卷）》，人民出版社 2009 年版，第 205 页。

首先就需要吃喝住穿以及其他一些东西。因此第一个历史活动就是生产满足这些需要的资料，即生产物质生活本身"[1]。在《资本论》中，马克思则提出，"雇佣劳动是设定资本即生产资本的劳动，也就是说，是这样的活劳动，它不但把它作为活动来实现时所需要的那些对象条件，而且还把它作为劳动能力存在时所需要的那些客观要素，都作为同它自己相对立的异己的权力生产出来，作为自为存在的、不以它为转移的价值生产出来"[2]。

这些定义应该如何去理解呢？可以说，这些都是马克思对于劳动概念的解释。只不过，在不同的语境下，马克思对于劳动的界定也会随之有不同的改变。在《1844 年经济学哲学手稿》中，马克思主要从哲学角度界定劳动，认为劳动就是人类将自身的意志、知识、愿望体现在外界事物的一个过程。从这一定义出发，劳动就其本质而言，应该是人的一种自由的创造活动。这个语境更侧重于哲学探讨，从最深邃最纯粹的层次探讨劳动应该是什么。而《德意志意识形态》中对于劳动的描述，则是更进一步，从更为具体的经济学的角度，描述劳动作为一种物质生产活动，满足人类生活需求、创造特定物质价值的功能。在这一语境中，劳动已经脱离了哲学的纯思辨的层面，而与现实生活有了更大的联系。但这一探讨更多的还是集中于经济学理论的层面上，描述在理论中的劳动是什么样子

---

〔1〕《马克思恩格斯文集（第一卷）》，人民出版社 2009 年版，第 531 页。

〔2〕《马克思恩格斯文集（第一卷）》，人民出版社 2009 年版，第 455 页。

的。而在《资本论》中，马克思关注的问题更为具体，那就是在资本主义生产条件下劳动的定义问题。在这里马克思所给出的关于劳动的定义，实际上指代的是雇佣劳动。在马克思看来，资本主义，尤其是他所处身的早期资本主义时代，劳动就是为资本家生产剩余价值从而促使资本不断升值的过程。这样的劳动已经是一种异化了的劳动，是一种应该被批判的劳动。这里的语境与马克思本人所处的时代更为一致，有着更强烈的现实性，彰显了更鲜明的时代性。

马克思关于劳动的系列定义，为我们探明劳动的概念指出了方向。从劳动的本质定义出发，劳动应该是一种人类自由创造的过程，是人类自身的意志和能力在客观世界中的体现。这是关于劳动的最纯粹、最理想的定义，也是劳动法的价值目标，是劳动法和各项劳动社会政策应努力趋向的方向，让劳动体现人的自由，让劳动者感到愉悦。经济学意义上的劳动定义则指出了在现实条件下劳动的具体功能，即提供人类所需要的各类产品，包括物质产品和精神产品，满足人类各种需求。现实劳动受到技术发展水平的制约，也受到社会发展水平的制约。实际上，劳动法意义上的劳动，只是现实劳动的一部分，并不是全部。大量的劳动行为受到的是别的部门法，如民事法律的调整，或者仅仅受到社会道德规范的调整。马克思关于资本主义社会条件下的劳动定义则为我们描绘了劳动向反面发展的可能性。劳动已经与劳动者的愉悦毫不搭边，与劳动者的自由完全背道而驰，劳动成了迫害劳动者、压迫劳动者的过程。

马克思所描述的是资本主义，特别是早期资本主义生产条件下的劳动，与我国社会主义市场经济下的劳动有着本质区别。在社会主义制度下，劳动者成为国家的主人，劳动也从一种资本压迫、剥削的方式变成了劳动者建设国家、建设社会主义制度的一种行为。如《中国大百科全书（哲学卷）》所定义的那样："劳动是人类特有的基本的社会实践活动，也是人类通过有目的的活动改造自然对象并在这一活动中改造人自身的过程"[1]。在社会主义语境之中，劳动已经转变了其在资本主义制度下所具有的那种压迫、剥削的本质。当然，劳动法意义上的劳动相比哲学意义上的劳动，其范围还是有所缩减的，更多地集中于法律范畴内。目前，我国劳动法律视野范围内的劳动，主要指的是在市场经济条件下，为资本增值服务并取得报酬的行为。这种行为一般情况下需要与资本结合，这也界定了与劳动者相对的用人单位一方的性质。当然，我国劳动法律把国家机关、事业组织和社会团体的用工行为也纳入了调整范畴，扩展了劳动的概念，加强了对劳动者的保护。这也说明，随着社会的不断发展，在经济基础不断增厚和人权保护意识不断提升的情况下，劳动保护的范围会不断扩大，纳入劳动法律视野的劳动行为会不断增加。从劳动概念的角度而言，就是劳动的内涵从仅仅与资本相联系的行为逐步扩大到经济学意义上的物质生产行为，这也是劳动概念演变的必然趋势。劳动这一概念的内涵必然会向着其本质概念所蕴含的美好境界不断前进，直至在人人都是劳动者，美好的劳动成为美好生活不可或

---

〔1〕《中国大百科全书（哲学卷）》，中国大百科全书出版社 1987 年版，第 117 页。

缺的一部分的共产主义社会达至圆满。

二、劳动关系

　　人们在劳动中结成的关系就是劳动关系。这个定义看似简单明了，却缺乏法律要求的精确性。而劳动关系则是劳动法律的核心概念。学者一般认为，劳动法是"调整劳动关系以及与劳动关系密切联系的社会关系的法律规范总称"[1]。也有学者认为："劳动法为关系劳动之法。详言之，劳动法为规范劳动关系及其附随一切关系之法律制度之全体"[2]。不同的学者给出的概念并不相同，这都与他们要展开的关于劳动法的论述密切相关。因此，劳动关系的定义，关系到劳动法的基础。

　　在世界各国，对劳动关系的研究都广泛存在。因为不同的社会制度和文化传统，在不同的社会背景下，劳动关系也呈现出不同的面貌，甚至连名称都有所不同，如劳资关系、雇佣关系、劳工关系、产业关系等。但不管称呼如何变化，劳动关系所具有的内涵是稳定的。

　　一般来说，劳动关系是在劳动过程中发生，必须以劳动力和生产资料结合的形式出现。其同时具有自然关系和社会关系两种属性。它既是一种自然的生产过程，劳动者运用生产资料，作用于劳动对象，生产出劳动成果；同时，劳动关系也作

---

[1]　关怀、林嘉主编：《劳动法》，中国人民大学出版社 2006 年版，第 5 页。
[2]　王全兴：《劳动法学》，高等教育出版社 2009 年版，第 7 页。

为一种社会关系，反映出了人与人之间的政治、经济、文化等关系。劳动关系的核心是劳动力的使用。但这种使用与其所有者本身的意志并不一致。劳动力的所有者是劳动者。在自然状态下，劳动者按照自身的意愿使用劳动力，作用于劳动对象，创造出劳动成果。在劳动关系中，劳动者将自身劳动力的使用权出让给了他人，接受了他人的支配。劳动力的使用不再以劳动者的意志作为根据，而是要受到一个外来的意志的支配。劳动力的使用呈现出一种二元性。劳动关系还必定与一定的财产相关。劳动关系中包含着劳动力的使用权的转移，这种转移是以一定的财产对价为基础的。也就是说，劳动者总是以一定的价格出卖自己的劳动力的。因此，劳动关系必定蕴含着一定的财产内容。劳动关系同时具备了平等性和不平等性两种形态。劳动者在选择雇主的时候，一般而言，其具有自主性，可以按照自己的意愿做出选择。这种自主性也体现在其与雇主签订劳动合同缔结劳动关系的时候，双方可以就劳动合同的内容平等地进行协商。达不成合意的，劳动者可以随时选择别的雇主进行协商。其自主选择权是受到保障的。同样的，雇主在挑选劳动者的时候，也是处于一个平等的地位。而一旦劳动合同缔结，劳动关系确立，双方之间的关系就转入不平等上来了。劳动者成为雇主的一名员工，雇主有权对劳动者所具备的劳动力进行支配。因为劳动力和劳动者的人身是不可分割的，这就意味着雇主可以对劳动者的人身自由行使一定的支配权。通过这种支配权的行使，雇主和劳动者的关系发生了变化，劳动关系呈现出不平等的一面。当然，这种不平等还体现在更多的方面。比如，相较于劳动者，雇主一般而言，具有更多的社会资本，更优势的力量，而劳动者往往处于弱势地位。名义上的平等往往被事实上的不平等代替。这一点贯穿了劳动关系缔结的全过程。

劳动关系最为清晰的内涵还是在于其所具有的合法性。劳动是一个社会的基石，每个社会对于劳动都是很重视的。因此，无论在何种情况下，劳动关系都受到了当时政治制度和社会制度的影响，都必须以一种合法的方式呈现出来。那些不合法的劳动形式，往往是社会打击的对象。

马克思在《资本论》中集中论述了劳动关系，深入地阐释了劳动关系的本质。马克思通过对劳动关系的分析，揭露了资本主义社会中工人阶级和资产阶级的对立，揭开了资本主义笼罩着的温情的面纱，揭示了资本对劳动的剥削。他对于资本主义早期一些主要国家如英、法、德等进行了分析，展现出了工人阶级和资产阶级之间的对立关系，为工人阶级反对剥削反对压迫提供了思想武器。

马克思主义对劳动关系的深入剖析，为我们理解劳动关系提供了有利的工具。虽然随着时代的发展，随着社会制度的变化，我国劳动关系与早期资本主义国家中存在的劳动关系存在着极大的差别，但马克思主义从社会关系入手来分析劳动关系的视角作为一种理论工具是永不过时的。从社会关系的分析视角出发，劳动关系属于社会关系的一种，是人类社会之中人与人之间的一种联系。要考察劳动关系是什么，就需要考察身处劳动关系之中的人是什么。搞清楚劳动关系中的各方角色，也就搞清楚了劳动关系。在劳动关系中主要是两方角色：劳动者（雇员）和雇佣劳动者（雇主）。要清晰地界定在我国劳动法律视域中的劳动关系，就要从我国现行法律规定中看一下双方分别是什么。

对于雇主，我国《劳动合同法》第二条明确规定，"中华人民共和境内的企业、个体经济组织、民办非企业单位等组织（以下称用人单位）与劳动者建立劳动关系，订立、履行、变更、解除或者终止劳动合同，适用本法"。因此，我国劳动法律通过列举的方式明确了雇主的范围，强调了雇主的身份资格，通过资格标准而非行为标准对雇主进行判断。没有在列举范围内的主体，不能够成为雇主，其与他人之间的关系，也不可能成为劳动关系。比如，私人雇主和家政从业人员之间的关系。现实中一般视为私人雇主和家政服务公司之间的合同关系或者是直接与家政从业人员之间的合同关系，而不是将其视为劳动关系的一种。

对于劳动者（雇员），法律则没有明确规定。关系比较密切的规定是原劳动和社会保障部在 2005 年发布的《关于确立劳动关系有关事项的通知》（劳社部发〔2005〕12 号）。《通知》第一条规定，"用人单位招用劳动者未订立书面劳动合同，但同时具备下列情形的，劳动关系成立。（一）用人单位和劳动者符合法律、法规规定的主体资格；（二）用人单位依法制定的各项劳动法律规章制度适用于劳动者，劳动者受用人单位的劳动管理，从事用人单位安排的有报酬的劳动；（三）劳动者提供的劳动是用人单位业务的组成部分"。原劳动部则在

1995 年发布了《关于贯彻执行〈中华人民共和国劳动法〉若干问题的意见》（劳部发［1995］309 号），其中"一、适用范围"中规定，"2. 中国境内的企业、个体经济组织与劳动者之间，只要形成劳动关系，即劳动者事实上已成为企业、个体经济组织的成员，并为其提供有偿劳动，适用劳动法"。"3. 国家机关、事业组织、社会团体实行劳动合同制度的以及按规定应实行劳动合同制度的工勤人员；实行企业化管理的事业组织的人员；其他通过劳动合同与国家机关、事业组织、社会团体建立劳动关系的劳动者，适用劳动法。""4. 公务员和比照实行公务员制度的事业组织和社会团体的工作人员，以及农村劳动者（乡镇企业职工和进城务工、经商的农民除外）、现役军人和家庭保姆等不适用劳动法。"

可以看出，我国劳动法律对于劳动者的定义方式不是采用直接定义的方法，而是采用列举法和排除法来界定劳动者的范围。在理论中，如何判断一位法律主体是否是劳动法律意义上的劳动者主要有两种标准：从属关系和当事人合意。

从属关系标准是指判断劳动关系是否存在，要看劳动者的劳动是否从属于雇主事业的一部分，其劳动行为是否受到雇主指挥，其劳动成果由雇主分配。具体来说，有人格从属性和经济从属性两种判断标准。人格从属性是指，劳动者的劳动行为不是出于自主，而是在雇主的命令、指挥或者要求下从事。雇主而非劳动者决定了劳动的时间、场所、内容、步骤等。因为劳动行为与劳动者是不可分离的，因此，雇主在决定了劳动的具体内容时，实际上造就了对劳动者人格的支配，对劳动者意志的压抑。具体来说，判断劳动是否具有人格从属性可以从若干方面来看，包括劳动者是否需要服从雇主制定的工作规则、工作场所、作息时间等；劳动者在劳动过程中是否需要服从雇主的指示，按照雇主的要求决定劳动行为的具体过程；雇主是否有权力对劳动者的劳动行为进行监督、检查，对劳动者违反劳动规章或具体要求的行为予以处罚。经济从属性是指，劳动者的劳动行为不是为了直接获取自身利益，而是为了雇主利益，属于雇主所从事的经济活动的一部分。比如，劳动者使用雇主提供的劳动工具和原材料；劳动者的劳动属于雇主组织起来的生产体系的一个环节，劳动者的劳动产品属于雇主最终生产出来的商品的一部分。人格从属性和经济从属性都能够体现劳动者相对于雇主方所体现出来的从属性，因此在实践中往往是两种标准并用。如日本劳动基准法研究会在其研究报告《关于劳动基准法之"劳工"的判断基准》中所提出的关于从属性的判断标准。该报告使用了两个判断因素。一个是"指挥监督下之劳动"。要看劳动者对工作或者业务指示是否有权拒绝、工作过程是否接受指挥监督、工作场所或者地点是否属于被指定、他人能否代为履行劳务。另一个是劳动报酬是否具有对价性，劳动报酬是否与工作时间长短相对应。[1] 这明显是采用了人格从属性和经济从属性两种判断标准。再如，英国在一系列判例法中确认，劳动合同成立与否需要判断以下要素：工人

---

〔1〕 刘志鹏：《劳动法理论与判决研究》，元照出版有限公司 2000 年版，第 15—16 页。

的工作内容是否受到他人指导；工人是否受雇为雇主的商业活动服务，工人的工作是雇主商业活动不可分割的组成部分；劳动工具和设备是否属于雇主；工人是否承担市场风险，是否能共享超额收益。[1] 显然，这也体现出了两种因素。

　　当事人合意标准是指，劳动者和雇主之间有形成劳动关系的意思表示，双方意思表示一致。关于如何判断是否存在双方合意，有三种不同的主张。第一种主张是事实劳动关系说。该主张认为，为了保护处于弱势一方的劳动者集体的利益，在劳动者与雇主之间存在着从属关系时，就可以认为劳资双方已经就劳动关系达成事实上的认同一致。劳动者出于生存需求，往往不能够依法主张自身权益。出于保护劳动者权益的考虑，只要存在着客观上的从属关系，就可以认为在雇主和劳动者之间存在着合意。第二种主张是默示劳动关系说。这种看法认为，判断劳动者和雇主之间是否存在劳动关系，不能够只看双方是否存在从属关系，也要看双方是否有意思上的一致，即使是通过实际履约行为默认的意思表示一致也可以。契约成立的本质就是意思自治，这是近代以来法治观念中最为基础的部分，不能够违背意思自治原则判断契约问题。因此，劳动关系的成立，必然要求存在着双方意思上的一致。即使是事实上的从属行为，也是因为这种行为之中蕴含了双方默示的一致意思表示，才能够成为劳动关系成立的基础。如果不这样的话，理论

---

〔1〕〔英〕卡文迪什出版社有限公司编：《劳动法》，甘勇译，武汉大学出版社2003年版，第9页。

就不能够自洽。第三种主张是前两种观点的折中。这种观点认为，从属关系的存在，确实在大部分情况下都是劳动者与雇主双方之间存在劳动关系的证据，也表示二者之间存在着建立劳动关系的合意。但是，有时候仅仅在外观上具有劳动者接受命令而劳动的情形，也不能够轻易就认为劳动关系存在。还需要在这种情形之外加上一个判断要素，即劳动者和雇主对于这种劳动关系的存在是有意识的。也就是说，劳动者认识到雇主的存在，并且认识到自身的劳动是在为雇主劳动；雇主也意识到劳动者的存在，能够认识到劳动者的劳动是雇主自身经济活动的一部分。雇主还要有向劳动者发放劳动报酬的行为，这种行为有很大的自主性。只有在附属劳动的同时还包括了双方的认识这个要素，才能够认为双方之间存在着劳动关系。

因此，劳动关系应该被定义为劳动者和雇主之间在劳动者提供从属于雇主的劳动过程中存在的、劳动者和雇主对其存在做出了明示或者默示意思表示的社会关系。

第二节　劳动争议

一、劳动争议基本概念

劳动争议，也被学界称为劳资争议、劳动纠纷或者是劳资纠纷。劳动争议概念的界定，无疑是研究劳动争议处理机制首先要弄明白的问题。

学术界对于劳动争议概念的认定，有着广义和狭义两种主要的观点。广义说认为，劳动争议是指以劳动关系为中心所发生的一切争议。因劳动契约关系，雇用人与受雇人所生之争议，或关于劳动者之保护或保险，雇用人与国家间所起之纷争，雇用人团体与受雇人团体本身之内部关系所生之纠纷，以及雇用人或雇用人团体与受雇人团体间因团体的交涉所生之纠纷，皆为劳动争议。[1] 也就是说，因为劳动关系而发生的一切争议都属于劳动争议的范畴，不仅包括了劳动者与用人单位之间因为履行劳动合同发生的争议，也包括劳动者与用人单位之间因为劳动保障条件、工资待遇调整发生的纠纷，还包括了劳动者和用人单位与国家劳动行政主管部门之间发生的争议。可以看到，这种定义下劳动争议的范围十分宽泛。

也有很多学者从狭义的角度理解劳动争议。关怀认为，劳动争议是指劳动关系双方当事人因劳动权利和义务引起的纠纷[2]。张志京认为，劳动争议是指劳动关系当事人之间在劳动过程中因行使劳动权利和履行劳动义务发生分歧而引起的纠纷[3]。王丹、王峰认为，劳动争议是指劳动关系当事人即劳动者与用人单位之间因劳动权利、劳动义务的争执引起的纠纷，是用人单位与劳动者之间因实现或履行相关劳动立法确定的劳动权利义务产生分歧而引起的争议，也可以理解为劳动者

---

[1] 林嘉：《劳动与社会保障法》，中国人民大学出版社 2009 年版，第 58 页。
[2] 关怀：《劳动法学》，中国人民大学出版社 2001 年版，第 64 页。
[3] 张志京：《劳动法学》，复旦大学出版社 2006 年版，第 31 页。

与用人单位之间就劳动合同的履行、变更、终止、解除等问题所发生的纠纷[1]。

学者们众说纷纭，各有其学术视角和逻辑出发点。具体到劳动争议处理的法律实践来说，还是要结合我国现行法律的具体规定来理解。我国《劳动争议调解仲裁法》第二条用列举的形式规定了六种属于劳动争议的情况，包括：因确认劳动关系发生的争议；因订立、履行、变更、解除和终止劳动合同发生的争议；因除名、辞退和辞职、离职发生的争议；因工作时间、休息休假、社会保险、福利、培训以及劳动保护发生的争议；因劳动报酬、工伤医疗费、经济补偿或者赔偿金等发生的争议；法律、法规规定的其他劳动争议。同时，出于保护劳动者权益的立法宗旨，该法第五十二条扩大了劳动争议的受案范围，规定："事业单位实行聘用制的工作人员与本单位发生劳动争议的，依照本法执行；法律、行政法规或者国务院另有规定的，依照其规定。"

从我国现行法律规定中可以看出，劳动争议指的是劳动者和用人单位之间因为劳动过程中劳动法律确定的劳动者各项权利义务内容而产生的纠纷。

---

[1] 王丹、王峰：《对我国劳动争议处理机制之反思与重构》，2012 年第 7 期，第 171 页。

二、劳动争议特点

1. 主体的特定性

劳动争议的双方当事人是固定的，一方为劳动者，另一方为用人单位。劳动争议必然发生在劳动者和用人单位之间，既不会是劳动者和劳动者之间，也不会是用人单位和用人单位之间。当然，在实践中的情况也是复杂的，其中一方也有可能涉及第三方用人单位，但劳动争议的基本结构，肯定是在劳动者和用人单位之间，是这个特定双方之间的法律关系。

劳动者必须是合乎劳动法律规定的劳动者，也就是年满十六周岁至法定退休年龄，有劳动能力的自然人。这是我国现行劳动法律对于适格劳动者的规定，是一个不可突破的年龄规定。低于或者高于劳动年龄范围的人，不能成为适格的劳动者。他们如果为单位提供了劳动，在实践中也只能认定为劳务关系。即使是劳动者出于某种目的虚构了年龄的，也不例外。如果因为雇用童工或者是聘用退休人员发生纠纷，就不能按照劳动争议来处理。还有一种特殊情况就是外籍人士，包括外国人、无国籍人和港澳台同胞。这些人如果要在我国境内从事某项工作，利用自身的劳动力获取报酬，首先要取得劳动行政部门认可的劳动者资格，然后才能够以劳动者的身份参与到劳动关系中去。否则的话，他们的这种行为也只能被认定为劳务关系，还会因为非法务工行为而受到追究。如果是某项工作要求特殊的从业资质的话，如医疗、教育、化工、食品加工、高空作业等，那么劳动者必须取得相应的资质才能够从事这些工作。如果劳动者没有取得这样的资质，其也会被视为是不适格的劳动关系主体，其劳动行为在法律上同样会被视为劳务行为，其本人不能够享有法律对劳动者的保护。

用人单位也必须有相应的合法资质。也就是说，用人单位必须按照我国法律规定取得营业资格或者事业单位法人资质，或者其本身是国家机关。没有合法资质的单位同样不能够成为用人单位。如果一个合乎资质的企业在劳动者劳动过程中因为某种原因被取消了资质，那么在其具有相应资质的阶段，其与劳动者可以成为劳动争议双方，按照劳动争议处理程序处理二者间的纠纷。在其已经不具有相应资质的阶段，其丧失成为劳动争议当事方的资格，也不能够按照劳动争议处理程序处理其与劳动者之间的纠纷，不能够依据相关劳动法律内容判断二者间的法律关系。

劳动关系的特征决定了劳动争议的特征，劳动关系既平等又隶属的特点决定了劳动争议主体之间具有双重属性[1]。劳动争议主体特殊性还表现在双方之间具有一定的从属性。这是劳动争议主体间关系的重要特征，也是劳动争议区别于民事争议的重大特点。在劳动关系中，劳动者的劳动从属于用人单位整体生产活动的一部分，其劳动行为是按照用人单位安排做出的，要服从用人单位的规章制度、各项管理措施，其体现在劳

---

[1] 董保华：《劳动关系调整的法律机制》，上海交通大学出版社 2000 年版，第43 页。

动过程中的自主性意志是受到了代表单位的管理者意志支配的。这种从属性也延伸到劳动争议之中，使得劳动者和用人单位之间的关系体现出双重性，既平等又不平等。就二者的法律地位而言，他们是平等的；就二者的社会关系而言，他们是不平等的。这也是劳动法律对劳动者进行保护的事实根据所在，是劳动者保护这一立法宗旨的事实基础。

2. 内容上的特定性

劳动争议的内容是确定的，只限定在相关劳动法律规定的范围内，不包括现阶段劳动法律没有涵盖的内容，也不包括民事法律、刑事法律的内容。按照我国现行劳动法律规定，劳动争议内容包括因确认劳动关系发生的争议；因订立、履行、变更、解除和终止劳动合同发生的争议；因除名、辞退和辞职、离职发生的争议；因工作时间、休息休假、社会保险、福利、培训以及劳动保护发生的争议；因劳动报酬、工伤医疗费、经济补偿或者赔偿金等发生的争议，还有法律、法规规定的其他劳动争议。劳动争议的内容不能够超过这些范围。

属于其他法律内容范围的权益也不能够成为劳动争议的内容。比如，如果劳动者认为用人单位侵犯了其他民事主体的著作权，他不可能就这一点向法院提起劳动争议，最多只能够向有关部门举报这一行为。同样，如果是用人单位侵犯了劳动者的民事权益，如擅自泄露劳动者个人信息这类侵犯隐私权的行为，或者是未经许可使用劳动者肖像等侵犯肖像权的行为。劳动者同样不能够提起劳动争议，而是只能够直接向人民法院提起民事争议。

劳动争议的内容兼有人身性和财产性两种特点，这也是劳动关系的内容所决定的。劳动关系中包含了人身和财产两方面的内容，如劳动合同的履行，劳动者实际上在合同中让渡了一部分人身自由，承诺按照用人单位规定时间和规定场所进行劳动。当然，劳动者提供劳动是为了获取劳动报酬，因而劳动关系中财产关系也是很重要的内容。劳动者与用人单位之间发生的劳动争议，绝大多数都是因为财产内容而发生的争议。

3. 程序上的特殊性

劳动争议的处理程序也不同于民事争议，而是有着自身特殊之处。按照现行劳动法律要求，劳动争议的处理需要先进行仲裁，然后再进行诉讼。仲裁是必须经过的前置程序，具体的程序阶段和相应要求将在下面的章节中介绍。这里主要是通过这种程序上的特殊性来阐述劳动争议的特殊之处。这种特殊之处的根据在于，劳动争议涉及劳动者和用人单位，劳动者的劳动行为关系到其自身的生存乃至一家人的生计，是一件十分重要的事情，关乎生存权这一根本人权，因此受到很大的重视。因此，在处理劳动争议的时候，法律特地设置了仲裁这一环节，目的就是通过仲裁这种相对于诉讼而言更为简单便捷的方式，经济高效地解决劳动者面临的困境，迅速处理劳动争议，让社会的劳动秩序恢复正常，让用人单位能尽快组织生产，劳动者能够继续从事劳动，为社会创造财富，推动社会发展。同时，部分劳动争议往往牵扯到不止一位劳动者。在这种情况下，劳动争议的快速处理就具有了更大的意义，可以让受到扰乱的社会秩序尽快恢复正常。实际上，仲裁只是劳动争议处理中相对比较正式的一类程序。在仲裁之前，还有着和解、调解这样的处理程序，目的都是让劳动争议尽快得以解决，让社会的生产秩序尽快恢复，同时也是保障劳动者的权益，使其能够尽快地投入到劳动生产过程中去，保证其生活尽可能小地受到劳动争议的影响。

三、劳动争议分类

劳动争议可以从不同的角度进行分类，如按照争议内容的不同分为人身权利争议和财产权利争议；按照用人单位所有制性质可以分为国有企业争议、外资企业争议和私营企业争议；按照当事人国籍的不同分为国内劳动争议和涉外劳动争议等。从理论分析的角度，一般着重讨论两种分类：根据发生争议的劳动者的数量是一个还是多个所区分的个体劳动争议与团体劳动争议；还有一种就是根据争议内容所区分的权利争议和利益争议。

1. 个体劳动争议与团体劳动争议

个体劳动争议和团体劳动争议也被称为个人争议或个别争议和团体争议[1]。个人争议与集体争议的分类起源于法国。法国政府于 1806 年规定建立劳动争议调解庭，专门用于解决

---

〔1〕　林嘉：《劳动与社会保障法》，中国人民大学出版社 2009 年版，第 258 页。

雇主和工人之间关于就业合同所引发的争议[1]。许多国家都采用这种分类方式，这不仅仅是与用人单位发生纠纷的劳动者人数上的差别问题，更是因为不同数量的劳动者，其所主张的诉求往往有重大区别[2]。一般来说，单个劳动者与用人单位发生争议，往往是因为劳动合同中某个具体事项，比如，合同成立与否，工资何时以何种方式支付，所受伤害是否认定工伤是否获得工伤赔偿等。而集体形式的劳动者则往往是要求用人单位在现有的劳动待遇基础上进一步提高待遇，比如，增加基础工资，增加单位时间报酬，改变不合理的制度规定，或者是在经济困难的时候承诺不裁员，保持现有工资待遇不变等。在团体劳动争议中涉及的公司管理制度方面的问题更多。从我国司法实践中来看，个体劳动争议更为普遍，但也有团体劳动争议。司法实践中也逐渐开始对这两种不同性质的劳动争议进行区别。在团体劳动争议中，法院或者仲裁机构往往会要求劳动者一方指定代表人参加诉讼或者仲裁程序，以方便审理工作，也方便劳动者与用人单位之间进行协商、调解等工作。同时，因为团体劳动争议更容易涉及社会稳定问题，司法实践中往往会更多地考虑案件处理的社会影响，在公平公正公开审理的前提下，对案件的社会效果赋值的程度更大一些。

---

〔1〕 范愉：《ADR 原理与实务》，厦门大学出版社 2002 年版，第 578 页。

〔2〕 T. Hanami，R. Blanpain，Industrial Conflict Resolution in Market Economies：A study of Australia，the Federal Republic of Germany，Italy，Japan and the USA，7，Kluwer law and Taxation Publishers，2020.

2. 权利争议和利益争议

按照劳动争议所涉及内容性质的不同，可以把劳动争议分为权利争议和利益争议两类。这也是国际劳动法研究中比较通行的做法[1]。在实践中使用这种划分方式的国家有德国、奥地利、日本、瑞典、美国、加拿大等[2]。

权利争议也被称为"权利事项的争议"或者是"实现既定权利的争议"。按照国际劳动组织的定义，权利争议被用于指代那些因为对某一项现行的法律条款或者是劳动合同的履行有分歧的争议[3]。也就是说，权利争议的内容往往是已经确定的权利和义务，这些权利和义务在劳动合同中或者在相关劳动法律中已经被明确，当事人之间的争议主要集中于劳动者的这些权利是否在现实生活中得到了保障。比如，劳动者的工资是否按时支付，加班费用应该按何种标准计算，劳动合同是否符合解除的条件，各项社会保险是否按标准按要求及时缴纳等。因为这种争议往往涉及法律的适用问题，因此其也被称为"法律争议"。

利益争议则不同于权利争议，其所针对的往往是因为社会情势变迁而产生的新的劳动者待遇的要求。社会是在不断向前发展的，随着时间的流逝，劳动者的待遇不可能是也不应该是

---

〔1〕　姜颖、吴亚平：《劳动争议处理教程》，中国工人出版社 2003 年版，第 6 页。

〔2〕　范愉：《ADR 原理与实务》，厦门大学出版社 2002 年版，第 579 页。

〔3〕　国际劳工组织：《劳动争议调解与仲裁程序比较研究》，中国工人出版社 1998 年版，第 7 页。

一成不变的。随着社会经济发展，随着劳动者年龄的增加，其所要承担的生活成本也会越来越高。随着劳动者劳动技能的提升，其所能够创造的劳动价值也越来越大。在经济形势比较好，企业效益比较好的时期，劳动者们也应该获得更多的收益。在经济形势较差，企业效益不好的时候，劳动者也应获得相应的劳动保障，保证自己和家人能够享有最低限度的能够维持尊严的生存条件。

利益争议指的是在劳动合同履行过程中，因劳动待遇改变而产生的争议，既包括了劳动者集体要求提高劳动收入如提高工资、增加福利待遇而与用人单位产生的争议，也包括了劳动者集体要求不降低劳动收入如要求用人单位承诺不裁员、不削减工资而由此产生的争议。这种争议因为指向的是尚未发生的劳动待遇，规定的是未来要发生的事实而不是依据现有的合同内容提出要求，也被称为"事实争议"。也有学者称其为特定权利争议，将其定义为劳动者向用人单位主张有待确定的权利和义务所发生的争议[1]。在国外，利益争议也被称为"规范争议"[2]。国际劳动组织提出，利益争议源于集体谈判的失败，即当有关当事人为签订、更新、修改或扩充提出一项集体协议进行谈判最终陷入僵局而产生的争议[3]。

我国现行劳动法律对于权利争议和利益争议并没有做出区

---

〔1〕 王全兴：《劳动法》，法律出版社 1997 年版，第 476 页。

〔2〕 ［德］W. 杜茨：《劳动法》，张国文译，法律出版社 2003 年版，第 356 页。

〔3〕 国际劳工组织：《劳动争议调解与仲裁程序比较研究》，中国工人出版社 1998 年版，第 7 页。

分。一方面是因为在传统的劳动法理论中，工会被认为是代表工人利益的一方，涉及工人集体利益的事项都由工会出面代表工人进行谈判。而在传统理论中，社会主义国家的工会和用人单位之间是相互协商、相互促进的关系，因此不把二者定义为冲突双方，也不着重研究集体合同问题。还有一个更为重要的原因是我国长期处于社会主义初级阶段，属于发展中国家，目前也还正处于刚刚全面建成小康社会、向全面建成社会主义现代化强国迈进的阶段，社会总体发展水平还不是很高，劳动者权益保障的水平还需要进一步提高。很长时间以来，法律的注意力和任务更多地放在现有劳动者权益的落实和保障上，难以把更多的精力分配到劳动者待遇提升上来。相应的，劳动法领域的理论研究也更多地集中在保障现有立法的落实上，对劳动者通过谈判提升集体待遇的关注较少，对由此引发的劳动争议关注也相应较少，因此对利益争议的关注和研究相对少一些。但我国在司法实践中也注意到了这方面的问题。2004 年，原劳动和社会保障部发布《集体合同规定》。其中对集体合同订立时产生的纠纷与集体合同履行时产生的纠纷做出了区分。对于集体合同订立方面产生的争议，可以先去寻求劳动行政部门的调解。对于因为履行集体合同产生的纠纷，则按照劳动争议处理的一般程序直接提起仲裁。这说明了我国开始在实践中区分两种不同的争议，给出了不同的解决途径。

第三节　劳动争议处理

一、劳动争议处理机制

　　劳动争议处理机制就是对劳动争议的处理机构、程序、方式的总和。具体来说，是国家通过法律和相关法规、司法解释、规章制度和具体司法实践建立起来的，由劳动争议处理过程中各种机构、程序、方式构成的有机整体，是一系列实体性要求和程序性事项的总和，是一个国家贯彻实施劳动法律、保护劳动者利益的机制。

　　劳动争议处理机制是十分必要的。从现实情况上看，劳动关系中出现矛盾冲突的情形很多，劳动者和用人单位双方都有可能是劳动争议出现的原因。从用人单位的方面来说，因为用人单位的违法行为侵犯劳动者权益的情况包括不签订劳动合同或者拖延签订劳动合同，或者是拒绝将签订后的劳动合同交给劳动者，导致劳动者无法获悉劳动合同内容，不清楚双方权利和义务。还包括在劳动过程中违反劳动法律的规定使用劳动力，如超过法律限制的劳动时间，或者是变相增加劳动者的劳动时间且拒绝支付相应报酬。也包括在劳动过程中拒绝为劳动者提供必要的劳动保护装备，拒绝采取必要的劳动保护措施，导致劳动者的身心健康受到极大损害等。同样的，劳动者一方也可能出现一些不符合劳动法律规定的行为，损害用人单位利益。比如，不遵守用人单位规章制度，妨碍了正常的生产秩序。又或者是没有按照用人单位要求提供高质量的劳动，导致用人单位生产活动受到影响，提供的产品或者服务质量不合格等。

不论是用人单位违反劳动法律的行为，还是劳动者违反劳动法律的行为。如果这些行为在发生后得不到解决，就会导致用人单位和劳动者之间的冲突。在缺乏合适的法律解决途径的情况下，冲突只会愈演愈烈，导致更大规模的冲突，严重影响社会秩序。所以，劳动争议处理机制的存在十分必要，能够有效地缓解劳动者和用人单位之间的矛盾冲突，让这些冲突有一个合法的、正式的解决渠道。

劳动争议处理机制可以极大地缓和劳动者和用人单位之间的矛盾，促进二者间建立一种更为和谐稳定的劳动关系。劳动争议处理机制因其规范化、法制化的特点，比起双方之间的激烈对抗而言，显然是陷入冲突的劳动者和用人单位之间解决矛盾的首选方式，也是更为经济、高效的争议解决方式。劳动争议处理机制可以通过社会经济秩序的恢复同时维护用人单位与劳动者双方的合法权益，进而促进社会经济发展。争议的解决，不仅仅只是劳动者和用人单位之间的矛盾冲突得到了处理，更为重要的是，受到影响的正常的社会经济秩序得到了恢复，回复到了原来的正常的状态。在这种稳定有序的社会秩序下，劳动者和用人单位双方都是受益者，都能够在这种秩序之中合法地追求各自的利益。这样一个对双方都有利的结果，才能够最大限度地调动劳动者和用人单位双方的积极性。既使得劳动者能够更加身心畅快地投入到工作之中，为个人、家庭和社会创造更多的财富，也使得用人单位提高了劳动效率、增强了竞争实力，不断发展壮大自身。

劳动争议处理机制要达到恢复社会秩序，让劳动者和用人单位都能够从中得益的目的，就需要坚持公正的原则。任何法律都追求公正这一价值，劳动法律也不例外。这一价值自然也成为劳动争议处理机制要秉持的价值。公正主要体现在劳动争议处理机制中的双方当事人都处于平等地位，能够以平等的姿态参与到这一过程中来。从法律地位上而言，双方是没有差别的。劳动争议处理机制不会因为用人单位体量大、社会影响力大而赋予其更高的法律地位。

劳动争议处理机制的公正还体现在对劳动者的倾斜性保护上。具体来说，就是在争议处理过程中赋予了劳动者一方更多的法律权利。这一点与公正的价值并不相悖。就法律地位而言，劳动者和用人单位都是平等的，谁都不能够凌驾于对方之上。但是从现实生活而言，劳动者在面对用人单位的时候，往往表现得更为弱势一些，在保障自身权益的时候面临的困难往往更大一些。如果劳动争议处理机制忽视了这一方面，而是平等地赋予双方权利义务，那就会造成事实上的不平等，反而妨碍了公正价值的体现。因此，在劳动争议处理机制中，劳动者一方享有了更多的权利，承担了更少的义务。这样也是为了保障往往处于弱势一方的劳动者的权益。

我国劳动争议处理机制最根本的法律依据是《中华人民共

和国宪法》，这是我国的根本大法，是一切法律的最高依据。《中华人民共和国劳动法》是劳动法律部门的基本法，其中关于劳动争议处理的规定是我国劳动争议处理机制建立的基础。《中华人民共和国劳动争议调解仲裁法》是专门针对劳动争议处理机制作出规定的法律，构成了我国劳动争议处理机制的基本框架。当然，仅仅有这些基本内容是远远不够的，一系列的部门规章和司法解释填充了框架中的具体内容，如人力资源和社会保障部制定的《劳动人事争议仲裁办案规则》，最高人民法院出台的一系列《最高人民法院关于审理劳动争议案件适用法律若干问题的解释》等。这些规章和解释是关于劳动争议处理的更为详细的规定，在法律构建的框架上编织出了更为细密的网络。具体的、实践中的劳动争议处理过程则将这张网络编织得更加严密，将抽象的、一般的规定与具体的、特殊的现实情况结合起来，通过一个个案件不断地将制度规定落到实处，通过具体的司法过程实现劳动者保护的宗旨。

　　具体来说，我国的劳动争议处理机制可以分为三个层次：劳动者与用人单位之间的协调，行政机构和社会机构主导的协调机制和司法机构和类司法机构主导的审理机制。劳动者与用人单位之间主要是通过签订劳动合同来确立二者之间的权利义务关系，并规定争议解决机制。二者之间也可以通过形式灵活、过程简便的协商随时更改权利义务关系，解决冲突纠纷。行政机构和社会机构主导的协调机制是指在企业内部、基层政府或者政府的劳动行政部门内部设立的，承担调解劳动争议职能的机构通过一定的程序处理劳动争议的机制。这些调节机构兼具了机构的权威性和处理方式上的灵活性，是劳动争议处理的很好的选择，有效地弥补了劳动者和用人单位双方协商带来的权威性不足、稳定性不足的问题和司法机构审理导致的程序较为复杂、时间成本较高的问题。司法机构和类司法机构主导的审理机制就是法院和仲裁庭构成的劳动争议处理系统。其权威性在劳动争议处理机制中是最高的，处理程序也是最严密复杂的，处理结果具有终局性。

因此，我国的劳动争议处理机制可以被定义为由协商、调解、仲裁和诉讼构成的一个劳动关系协调机制。

二、劳动争议处理各项程序

我国的劳动争议处理机制包括了协商、调解、仲裁和诉讼几个不同的部分，也可以认为这些程序分别是劳动争议处理所要经历的不同阶段。在我国，劳动争议经历"协调裁审"的流程，在不同的阶段分别被解决一部分，在诉讼的阶段得到最终的解决方案。不同阶段的解决机制具体情况如下。

协商，又可以分为个体协商和集体协商。个体协商就是劳动者个人与用人单位就二者间发生的劳动争议进行商讨，寻求解决方案的行为。集体协商与个人协商类似，只不过劳动者一方不再是单个人，而是若干个劳动者组成的集体，也可以是工会。劳动者选派出代表，与用人单位进行商讨。协商是一种十分灵活的纠纷解决方式，在劳动争议的任何处理阶段都可以进行，能够直接高效地体现争议双方各自的立场、主张。但协商不是劳动争议必经的处理阶段，也不具备权威性。协商达成的结果对双方基本不具备约束力。任何一方对协商结果不满意或者是双方协商未达成一致意见的，可以进入下一阶段继续解决劳动争议。

调解，是指由调解委员会对劳动者和用人单位之间的劳动争议进行居中调和，促使双方达成一致意见，化解纠纷的行为。根据我国《劳动争议调解仲裁法》的规定，调解组织包括企业劳动争议调解委员会、依法设立的基层人民调解组织和在乡镇、街道设立的具有劳动争议调解职能的组织。其中，企业劳动争议调解委员会由职工代表和企业代表组成。职工代表由工会成员担任或者由全体职工推举产生，企业代表由企业负责人指定。企业劳动争议调解委员会主任由工会成员或者双方推举的人员担任。调解作为一种形式灵活、处理效率高的纠纷解决方式，在各个国家劳动立法中都受到了很大重视。其中，企业劳动争议调解委员会作为企业内的调解组织，被认为最清楚企业内部情况，最熟悉争议双方人员，最了解企业相关规章制度，因而在调解纠纷上有很大优势，能够比较容易找出双方争议点和妥协方案，使双方达成一致。有学者认为，企业劳动争议调解就是企业劳动争议调解委员会根据当事人自己的申请，在查明事实、分清是非的基础上，依靠法律、法规、规章、政策、集体合同或者劳动合同的规定，通过说服和教育，促使双方当事人相互理解、互谅互让，自愿达成解决劳动纠纷协议的过程[1]。同协商一样，调解的约束力比较弱，双方当事人未必能够就调解方案达成一致意见，也没有义务遵循调解委员会的调解建议。达成调解结果后，对结果不满意的，还可以进入下一个程序继续寻求劳动争议的解决。只有特定类型的争议，主要是仅仅包括金钱给付义务的劳动争议，其调解书具有一定的法律效力，可以申请法院通过签发支付令的方式强制执行。

仲裁，指的是劳动争议仲裁委员会根据当事人的申请，在查明事实、明确是非、分清责任的基础之上，依法居中解决劳动争议，包括对劳动争议进行调解、依法审理并作出仲裁裁决的一系列活动[2]。按照《劳动争议调解仲裁法》的规定，劳动争议的仲裁由劳动争议仲裁委员会进行。劳动争议仲裁委员会是政府设立的专门进行劳动争议仲裁的机构，由劳动行政部门代表、工会代表和企业方面代表组成。仲裁庭人员必须是单数。劳动仲裁属于一种准司法活动，有着严密的程序和相应的仲裁规则，其结果表现为裁决书的形式，具有法律效力。但相对于诉讼来说，其程序相对简便，人员组成也能够更好地代表用人单位和劳动者的不同利益，更为熟悉劳动相关规章制度，效率较高。不管是劳动者还是用人单位，对于仲裁裁决不满意的，还可以继续寻求解决方式，即提起诉讼。

---

〔1〕 常凯：《中国劳动关系调查报告——当代中国劳动关系的趋向和特点》，中国劳动社会保障出版社 2009 年版，第 486 页。

〔2〕 侯海军：《劳动争议调解、仲裁和审判制度改革研究》，法律出版社 2011 年版，第 4 页。

劳动争议诉讼在我国劳动立法中没有给出明确的定义，我国也并未设立专门的劳动法院或者劳动法庭。学者们一般将劳动争议诉讼定义为"法院在劳动争议双方当事人和其他诉讼参与人的参加下，依法审理和解决劳动争议案件的活动"[1]。或者是，"不服劳动争议仲裁委员会作出的仲裁裁决而提起诉讼的劳动争议，由人民法院进行判决。这是解决劳动争议的最终途径"[2]。也有学者扩展了诉讼的内涵，认为劳动争议诉讼是指"劳动争议当事人不服劳动争议仲裁委员会的仲裁，在规定的期限内向人民法院起诉，人民法院依法受理后，对劳动争议案件进行审理的活动。此外，劳动争议的诉讼，还包括当事人一方不履行仲裁委员会已发生法律效力的裁决书或调解书，另一方当事人申请人民法院强制执行的活动"[3]。诉讼是劳动争议解决的终局途径，是争议双方能够得到最终解决方案，也是程序最严密、规则要求最高的劳动争议解决途径。我国劳动争议诉讼适用民事诉讼的规定，实行两审终审。诉讼是劳动争议解决的最后一道防线，是权威性最高的纠纷解决途径，有着最强的法律效力，也是保障劳动者权益的重要途径。但也存在着解决周期长、对法律专业知识要求高、综合成本较高等问题。

---

[1] 王全兴：《劳动法》，法律出版社2004年版，第395页。

[2] 董保华：《我国劳动争议处理立法的基本定位》，《法律科学》2008第2期，第148页。

[3] 黎建飞：《劳动法的理论与实践》，中国人民公安大学出版社2004年版，第543页。

第二章
我国劳动争议处理制度现状及问题

第一节　劳动争议处理机制的发展历程

中国共产党作为工人阶级的先锋队，自其产生那天起，就持续关注工人阶级的生活条件和生活状况，坚持组织和领导工人进行各种运动以改善工人们的工作环境、增加劳动报酬、缩短工作时长，坚持不懈地为工人权益而奋斗。早在 1922 年，党刚刚诞生的时候，中国共产党就发表《中国共产党对于时局的主张》，提出要制定保护童工、女工的法律，制定改善工厂劳动卫生条件的法律。党带领工人经过奋斗，大大改善了工人们的劳动条件，提高了工人劳动待遇。这些都为党执政后制定劳动方面的法律法规奠定了历史基础和理论基础。

一、创立时期

新中国成立初期，我国处于新旧体制交替、矛盾错综复杂的社会转型期，社会存在的各种各类阶层多，社会治理难度大。处理工人和用工单位之间的劳动争议急需指导思想和具体制度。在这种背景下，党和政府继续以毛主席所提出的"劳资两利"的思想为指导，及时制定适应当时经济社会形势的劳动政策和法规。1949 年 9 月，发挥着宪法作用的《中国人民政治协商会议共同纲领》中针对劳动方面专门提出了"发展生产、繁荣经济、公私兼顾、劳资两利"的方针。按照这一方针，在处理劳动争议的时候要兼顾双方利益，既要保障工人权益，保障工人应有的待遇和劳动条件，也要维护正常生产秩序，防止正常的生产经营活动受到影响。实际上，在这里可以看出，在处理劳动争议的时候，党和政府的一贯方针就是用民主协商的方式来解决，强调协商、调解，强调兼顾双方利益，通过协调来达成和解，最终化解矛盾。可以说，这个指导思想贯穿了我国劳动争议处理机制的发展史，一直指导着我国劳动争议处理机制的实践。在这一指导思想下，1949 年，中华总工会公布《关于劳动争议解决程序的暂行规定》。1950 年，中央劳动部发布了《关于劳动争议解决程序的规定》。同年又发布了《市劳动争议仲裁委员会组织及工作规则》。这三个规章奠定了我国劳动争议处理制度的基础，标志着我国劳动争议处理机制的基本建立。

《关于劳动争议解决程序的暂行规定》共十四条。这一规定开篇即把"公私兼顾、劳资两利"写明，作为指导原则。随后的内容则规定了解决争议的具体程序。劳动争议发生后，双方首先要进行协商。协商不成的，应该接受劳动局的调解。调解无效的，由劳动局组织仲裁委员会进行仲裁。《关于劳动争议解决程序的规定》则建立起了更为完善的争议解决程序。这一规定明确争议解决程序适用于一切公有或者是私营企业，并明确了劳动争议的六种受案范围：关于职工劳动条件事项（如工资、工时、生活待遇等）；关于职工的雇用、解雇及奖惩事项；关于劳动保险及劳动保护事项；关于企业内部劳动纪律与工作规则事项；关于集体合同、劳动契约事项；其他劳动争议事项。规定还专门针对不同性质的企业给出了不同的劳动争议解决途径，体现了规定的严密之处。对于用人单位是国营、公营、公私合营、合作社经营企业的，由双方上级工会组织与双方上级企业主管机关协商解决。对于用人单位是私营企业的，由产业工会组织及同业公会协助解决。《市劳动争议仲裁委员会组织及工作规则》则进一步完善了劳动争议处理机构。在中央劳动部设立了劳动争议司，各地劳动局设立了调解处（科），在城市由劳动部门负责并聘请总工会、工商行政部门、工商联的代表组成了劳动争议仲裁委员会。

这些规定的迅速出台和劳动争议处理机构的调解仲裁工作，对解决新中国成立初期的劳动争议，增强工人群众对党和政府的信任，恢复企业生产经营，进而推动私营企业的社会主义改造、恢复和发展国民经济起到了不可忽视的积极作用。

二、初步完善时期

新中国成立初期确立的劳动争议处理机制，发挥了很大的积极作用。但不可否认，其也有着规定过于简陋，程序不够完善等问题。同时，随着社会经济形势的发展，我国劳动关系领域发生了很大的变化，原来的劳动争议处理机制逐渐已经不适应新的劳动关系的变化，社会呼唤着新的劳动争议处理机制的出现。

1978 年，邓小平同志《解放思想，实事求是，团结一致向前看》一文中指出，"国家和企业、企业和企业、企业和个人等等之间的关系，也要用法律的形式来确定；它们之间的矛盾，也有不少要通过法律来解决"。这一思想，为我国制定劳动争议处理法规提供了根据，指明了方向。在这一思想的指引下，劳动争议处理方面的法律法规开始逐步制定，我国劳动争议处理机制逐渐完善起来。

1980 年 7 月，国务院发布了《中外合资经营企业劳动管理规定》。这个规定中提到了劳动争议处理方面的问题。虽然在总篇幅中占的比例并不大，只有第十四条，"中外合营企业发生的劳动争议，首先由争议双方协商解决；通过协商不能解决的，可以由争议的一方或双方向所在省、自治区、直辖市人民政府劳动管理部门请求仲裁；如有一方不服仲裁裁决，可以向人民法院提起诉讼"。但这可以看作是改革开放以来，首次在国务院发布的行政规定中规定的劳动争议处理程序。

随后，劳动争议协商仲裁制度开始由外商投资企业向国有企业拓展。1986 年 7 月，国务院发布了《国营企业实行劳动合同制暂行规定》（国发〔1986〕77 号）等有关国有企业劳动制度改革的四个规定，对国有企业的劳动争议处理问题作了初步规定。

这些规定都是改革开放初期，随着企业用工形式的变化，劳动争议处理机制方面产生的变化。但这些规定也都是仅仅针对某一个方面或某一类型企业，覆盖面不够广泛。同时，规定本身也存在着较为简单，不是专门针对劳动争议处理的问题。随着改革开放的逐渐深入，国家法制的不断完善，逐渐发展的劳动关系也对新的劳动争议处理制度的产生提出了要求。

1987年7月，国务院发布了《国营企业劳动争议处理暂行规定》，规定了处理劳动争议的范围、程序，明确了处理劳动争议的组织、办案形式，当事人在仲裁活动中的权利与义务。仲裁制度恢复之后，劳动争议案件的审判程序也随之重新开始启动，由人民法院经济审判庭受理劳动合同纠纷案件。同时，由于私营经济迅速发展成为社会主义公有制经济的补充，为了加强对私营企业的劳动管理，1989年9月，原劳动部颁布了《私营企业劳动管理暂行规定》，其中也对私营企业劳动争议处理程序进行了规定。其三十四条规定，"私营企业发生的劳动争议，双方当事人应及时协商解决。协商不能解决的，可向当地劳动争议仲裁委员会申请仲裁，劳动争议仲裁委员会可参照《国营企业劳动争议处理暂行规定》处理。"至此，劳动争议的协商、仲裁制度已经覆盖所有企业，为劳动争议处理制度的全面实施奠定了基础。

这一时期劳动争议处理机制的一大特点，是不同所有制企业的劳动争议处理程序存在一定差别。对于合资企业和私营企业而言，劳动争议的处理程序是协商—仲裁—诉讼这一路径。对于国营企业而言，则是调解—仲裁—诉讼。这种差异当然与当年的时代特点有关，同时也与不同性质的企业其内部机构设立的不同有关。调解之所以限定于国营企业，是因为调解作为一种争议解决程序，需要由企业调解委员会来主持，而企业调解委员会的委员包括职工代表、企业代表和企业工会委员会代表。在当时的外资企业和私营企业中，往往是没有工会组织的。缺少了工会代表，自然也就无法组织起调解委员会，履行调解职能。同时，国营企业的劳动争议处理程序也因争议案件类型的不同存在差异，其中履行合同争议走调解、仲裁、诉讼三个程序；而因开除、除名、辞退违纪职工发生的争议则没有调解程序，直接从仲裁阶段开始。

三、基本成型时期

随着社会主义市场经济的不断深入发展，非公有制经济在国家政策的支持下也迅猛发展，劳动关系呈现出复杂化、多样化趋势。为了更好地处理劳动者与用人单位之间的劳动争议，维护双方合法权益。同时也是为了维护正常的生产经营秩序和良好的劳动关系，维护社会的稳定，促进社会经济发展，在总结过去经验的基础上，国务院在 1993 年 7 月颁布了《企业劳动争议处理条例》。该条例第二条明确规定："本条例适用于中华人民共和国境内的企业与职工之间的下列劳动争议：

（一）因企业开除、除名、辞退职工和职工辞职、自动离职发生的争议；（二）因执行国家有关工资、保险、福利、培训、劳动保护的规定发生的争议；（三）因履行劳动合同发生的争议；（四）法律、法规规定应当依照本条例处理的其他劳动争议。"第三十九条则规定："国家机关、事业单位、社会团体与本单位工人之间，个体工商户与帮工、学徒之间，发生的劳动争议，参照本条例执行。"从这些规定可以看出，条例明显扩大了劳动争议的处理范围，不再区分企业性质对争议处理程序规定不同的处理类型，而是统一纳入到规范的劳动争议处理程序中去。该条例也对劳动争议处理程序作出了明确的统一规定。明确规定："劳动争议发生后，当事人应当协商解决；不愿协商或者协商不成的，可以向本企业劳动争议调解委员会申请调解；调解不成的，可以向劳动争议仲裁委员会申请仲裁。当事人也可以直接向劳动争议仲裁委员会申请仲裁。对仲裁裁决不服的，可以向人民法院起诉。"

这一条例的诞生标志着我国劳动纠纷处理制度进入了相对完善的发展阶段。随后，劳动部相继出台《劳动争议仲裁委员会办案规则》《劳动争议仲裁委员会组织规则》《企业劳动争议处理条例若干问题解释》和《企业劳动争议调解委员会组织及工作规则》。以上行政法规、行政规章基本构成了我国这一时期的劳动争议处理制度的大致架构。可以说，条例加上相应规则，基本搭建起了较为完善的劳动争议处理机制，我国劳动争议处理机制的框架基本成型。

1994年7月，我国颁布《中华人民共和国劳动法》，这是我国劳动法律领域的基本法，是新中国成立后第一部综合性调整劳动关系的法律。其中第十章"劳动争议"是专门就劳动争议处理进行规定的章节。这一章的第七十九条规定："劳动争议发生后，当事人可以向本单位劳动争议调解委员会申请调解；调解不成，当事人一方要求仲裁的，可以向劳动争议仲裁委员会申请仲裁。当事人一方也可以直接向劳动争议仲裁委员会申请仲裁。对仲裁裁决不服的，可以向人民法院提起诉讼。"由此从法律层面正式确定了劳动争议处理"一调一裁两审"的模式，这标志着我国劳动纠纷处理的法律内容进一步充实，制度基础进一步得到完善。

四、进一步完善时期

劳动法颁布后，劳动争议处理机制框架基本成型。由于劳动法是综合性的法律，在法律实践中处理劳动争议的时候，往往更多的还是适用劳动争议处理条例及其附属规则。但是，随着社会经济形势的变化和劳动法律实践的发展，劳动争议处理条例也逐渐暴露出了一些问题。

一是条例的受案范围较窄。相比劳动法规定的劳动争议范围，劳动争议处理条例受理范围相对窄一些。这就造成一个问题，当事人向人民法院提起诉讼的时候，由于争议属于劳动争议范畴，按照劳动法律的规定，要遵循"仲裁前置"或者说"先裁后审"的原则，法院不会受理没有经过劳动仲裁的劳动争议案件。但是按照条例的规定提起劳动仲裁的话，这些争议又不属于劳动仲裁的受案范围之内。导致当事人的诉权受到限制。这显然与劳动法律及时处理解决劳动争议，尽快恢复正常劳动生产秩序的目的不符。

二是劳动仲裁机构的设置存在一定的结构性问题。企业劳动争议处理条例规定的仲裁机构包括三个方面：劳动行政主管部门的代表、同级工会的代表、政府指定的经济综合管理部门的代表。显然，这里的劳动行政主管部门代表象征着政府，同级工会代表象征着工人，政府指定的经济综合管理部门的代表则象征着企业。但是问题在于，政府指定的经济综合管理部门的代表实际上还是属于政府人员的一种，具有公职人员的身份。由其来代表企业参与协商，其代表性存在一定问题。更为合适的是让企业自身出一名代表或者由企业来指定人员。

三是仲裁机构的独立性受到影响。条例第十三条规定，"仲裁委员会组成人员必须是单数，主任由劳动行政主管部门的负责人担任。劳动行政主管部门的劳动争议处理机构为仲裁委员会的办事机构，负责办理仲裁委员会的日常事务"。实践中，由于行政主管部门负责处理仲裁机构的日常事务，其对于仲裁机构往往具有较大影响力。相应的，工会代表和企业代表对仲裁机构的影响力较小。仲裁机构更多地体现了政府部门的意志。这样有利于政府部门掌控劳动争议处理进程，但同时也会造成职工和企业对仲裁机构的认同度受影响，对仲裁结果认可度不高的问题，一定程度上影响了仲裁机构职能的发挥。

四是条例中关于劳动仲裁时效的规定与劳动法不一致。条例中规定的仲裁时效是自当事人知道或应当知道权利被侵害之日起六个月，而在劳动法中的规定则是自劳动争议发生之日起六十日。从法律位阶上而言，劳动法的法律效力高于劳动争议处理条例。从法理上而言，劳动法属于新法，劳动争议处理条例属于旧法，也应该适用新法的规定。可是问题在于，条例中关于仲裁时效的规定，更有利于劳动者。按照劳动法律劳动者权益保护的精神，更应该适用对劳动者保护强度更大的规定而不是相反。这就造成了适用中的困惑。

在此背景下，全国人大常委会于 2007 年 12 月制定并颁布了《中华人民共和国劳动争议调解仲裁法》，针对劳动争议解决机制运行中的问题，做出了较大幅度的调整和改进。这是我国劳动争议处理的第一部专门性法律，体现了鼓励和解、强化调解、完善仲裁、诉讼救济的精神。与之前的企业劳动争议处理条例相比，这部法律设置了更多劳动者权益保护条款，在制度设计上也根据实践中发现的问题进行了调整，更为科学高效。

调解仲裁法中对于仲裁时效做了更为统一的规定，把原来条例中规定的六个月的仲裁时效延长到了一年。调解仲裁法还特地对劳动者追索劳动报酬的争议时效做出了规定。该法第二十七条第四款规定，"劳动关系存续期间因拖欠劳动报酬发生争议的，劳动者申请仲裁不受本条第一款规定的仲裁时效期间的限制"。进一步保障劳动者获取劳动报酬的权利。这些规定，有效地避免了由于仲裁时效过短而导致劳动者合法权益无法得到法律保障的情况，更好地保障了劳动者的合法权益。

调解仲裁法还缩短了仲裁的审理期限。条例中规定的仲裁审理期限是六十日，可以延长三十日。调解仲裁法中则把审理期限缩短到了四十五日，可以延长十五日。如果逾期未能作出仲裁裁决，当事人还可以就该劳动争议事项直接向人民法院提起诉讼。仲裁审理期限的缩短，无疑加强了劳动者权益的保障力度，有效地打击了在实践中部分用人单位利用审理期限恶意拖延的问题，更好地保障了劳动者能够通过劳动争议处理程序维护自身权益。

调解仲裁法也扩大了仲裁的受案范围。调解仲裁法第二条关于受案范围的规定，特地增加了"因确认劳动关系发生的争议"。这也是对实践经验的吸取。在劳动法律实践中，部分用人单位不与劳动者签订劳动合同或者不向劳动者交付劳动合同，致使劳动者在维护自身权益时缺乏能够证明劳动关系存在的证据，难以维护自身权益。而调解仲裁法扩大受案范围后，劳动者可以先提起确认劳动关系是否存在的仲裁，这样就能够更好地维护自身权益。同时，调解仲裁法为了便利当事人提起仲裁，对受理仲裁的机构也做出了变更规定。条例中对仲裁机构的规定是由职工当事人工资关系所在地的仲裁委员会处理，这一条规定随着时代发展逐渐不适应现实情况。调解仲裁法则规定，劳动争议由劳动合同履行地或者用人单位所在地的劳动争议仲裁委员会管辖，其中劳动合同履行地优先管辖。这样能够更好地适应社会发展现实。

调解仲裁法增加了当事人权利救济途径，丰富了当事人维护自身权益的手段。调解仲裁法第十六条规定，"因支付拖欠劳动报酬、工伤医疗费、经济补偿或者赔偿金事项达成调解协议，用人单位在协议约定期限内不履行的，劳动者可以持调解协议书依法向人民法院申请支付令。人民法院应当依法发出支付令"。避免了用人单位对裁决拒不执行，劳动者空有一纸裁决却无法获取实际权益的情形。调解仲裁法还规定，对于追索劳动报酬、工伤医疗费、经济补偿或者赔偿金的案件，根据当事人的申请，无须提供担保，可以裁决先予执行。对于一部分事实已经清楚的案件，可以就该部分先行裁决。调解仲裁法还特地免除了仲裁费用，进一步减轻了当事人负担。

针对劳动法律实践中用人单位往往掌握大量证据，劳动者难以掌握并提供这些证据的情况，调解仲裁法特地明确了举证责任倒置情形。明确用人单位在特定情形下应提供其掌握的管理证据的责任，如怠于提供其掌管的证据，则其将承担不利后果。这样就有效地遏制了少数用人单位利用自身掌管证据的优势拒不提供的行为，促使企业必须尊重法律规定，遵守法律规则，否则将承担败诉的后果。

调解仲裁法还特地强调了调解的重要性。法律第二章"调解"，专门针对调解作出规定。增强了调解协议的效力，对调解组织调解达成的调解协议书，当事人可向人民法院申请支付令。针对一些争议数额较小、争议情形较为清晰明确的案件，调解仲裁法特地规定，可以一裁终局。该法第四十七条规定，"下列劳动争议，除本法另有规定的外，仲裁裁决为终局裁决，裁决书自作出之日起发生法律效力：（一）追索劳动报酬、工伤医疗费、经济补偿或者赔偿金，不超过当地月最低工资标准十二个月金额的争议；（二）因执行国家的劳动标准在工作时间、休息休假、社会保险等方面发生的争议。"这些规定有利于分流人民法院处理劳动争议的工作量，避免司法资源浪费。同时也能够缩短劳动争议处理期限，尽快实现当事人合法权益，恢复社会正常经济生产秩序。

《劳动争议调解仲裁法》的出台无疑是我国劳动争议处理机制的一件大事，标志着这一机制的一个重大完善。不过由于该法属于针对劳动争议调解和仲裁程序专门加以规定的法律，其没有对劳动争议诉讼程序进行规范。为正确审理劳动争议案件，最高人民法院之后又出台了《关于审理劳动争议案件适用法律若干问题的解释》（一）和（二），对劳动争议案件的受理、管辖、诉讼主体、证明责任、仲裁效力等问题作出明确规定，为人民法院处理劳动争议案件提供了重要依据。2009 年，人力资源和社会保障部专门成立了调解仲裁管理司，加强了对劳动争议案件的管理力度。之后，一系列补充完善劳动争议处理机制的规章陆续出台，先后有《劳动人事争议仲裁办案规则》（2009 年出台，2017 年修订）、《劳动人事争议仲裁组织规则》（2009 年出台，2017 年修订）、《企业劳动争议协商调解规定》（2011 年颁布）以及《人事争议处理规定》（2007 年颁布，2011 年修订）等。最高人民法院也继续通过针对特定案件的答复、推出典型案例等举措推进劳动争议处理机制的不断完善。我国劳动争议处理机制还在继续完善中。

第二节　我国劳动争议处理制度存在的问题

我国已经构建了包括协商、调节、仲裁、诉讼四种处理程序的劳动争议处理机制。这四种处理程序紧密配合，相互接续，发挥着化解劳动争议、平复劳动纠纷的功能。然而，目前四种处理程序自身都存在一定不足之处，彼此之间的衔接也有不到位的地方，制约了我国劳动争议处理机制功能的发挥，影响了这一机制的良性运转。

一、劳动争议协商制度存在的问题

劳动争议协商是处理劳动争议最基础的形式，也是在劳动争议处理各个阶段都有所体现、都能够发挥作用的形式，我国现行劳动法律制度对协商解决劳动争议也都很重视，作出了相关规定，然而由于制度上和运行中存在的问题，这一制度并没有能够充分发挥其职能。

1. 工会制度需要完善

第一，工会职能定位不清。按照工会法等相关法律规定，工会是职工自愿结合的工人阶级的群众组织，应该注重维护工人阶级也就是劳动者们的利益。但劳动法相关法规又把工会组织放在了协商调解的地位，比如，企业劳动争议调解委员会由工会代表、单位代表和职工代表组成。这样的规定实际上是把工会放在了一个公正独立第三方的位置来促成企业和工人之间的协商。这样一来，在工会的职能定位问题上就出现了制度冲突，工会在劳动争议处理中到底扮演什么样的角色？应该定位成劳动者的保护神，还是劳动争议的调解人？

第二，工会人员组成和经费来源有限制。工会设立于用人单位内部，尤其是企业工会，很多都是企业的一个内设部门。工会领导由企业领导层选任，工会人员由企业人事部门调配。

这就造成工会的组成缺乏独立性，工会更类似管理部门的延伸而非劳动者的自治组织，在与劳动者联系的紧密程度上相对较差。工会的经费来源保障也是一个需要解决的问题。按照工会法的规定，工会的经费来源有：（一）工会会员缴纳的会费；（二）建立工会组织的用人单位按每月全部职工工资总额的百分之二向工会拨缴的经费；（三）工会所属的企业、事业单位上缴的收入；（四）人民政府的补助；（五）其他收入。建立工会组织的中外合资经营企业、中外合作经营企业、外资企业依照国家有关规定向本企业工会拨缴经费。工会经费主要用于职工服务和工会活动。经费使用的具体办法由中华全国总工会制定。可以看出，工会的经费，尤其是在企业中的工会经费，主要依靠所属企业划拨，这就难免会造成工会活动受制于人的情况。

第三，工会开展居间协调工作缺乏足够的制度依据。按照《劳动争议调解仲裁法》第四条的规定，"发生劳动争议，劳动者可以与用人单位协商，也可以请工会或者第三方共同与用人单位协商，达成和解协议"。《企业劳动争议协商调解规定》也规定，"劳动者可以要求所在企业工会参与或者协助其与企业进行协商。工会也可以主动参与劳动争议的协商处理，维护劳动者合法权益。"然而协商如何具体进行，工会人员能够代理劳动者协商还是必须与劳动者一同参与协商过程，工会能够代理多大范围内的劳动者权益，这些都需要在制度中和实践中进一步明确，否则工会的协商工作会因为缺乏规范而难以开展或者与上位法规定相冲突。

第四，工会与劳动者的接触渠道不畅通。很多企业工会领导人员是由企业管理层选派的，工会被视为企业的一个管理部门而非劳动者的自治组织。一些工会工作人员也因此模糊了自己的身份定位，以管理者自居，与一线的工人群众联系较少。加之制度上对于工会如何与会员联系，联系的方式、频率等都没有硬性规定，而是由各个工会根据自身情况自行决定，这就导致一些工会与所在单位基层劳动者的联系不够紧密。工会的同志不知道劳动者所思所想所盼，劳动者有了利益诉求也不会去找工会的同志诉说。工会与劳动者之间有了很大的隔膜。

第五，基层工会建设不完善。很多企业，尤其是私营企业没有设置工会。没有设置的原因，有的是因为觉得有了工会很麻烦，可能会组织工人和企业作对，因而不愿意设置；也有的是因为觉得设立了工会会增加企业的人力成本，加大了活动支出，因而不想设置；还有的是缺乏劳动者保护意识，缺乏对工会的认知，对企业设立工会的法律义务不知情等。很多企业没有工会存在，劳动者只能自行与企业协商。由于劳动者与用人单位在劳动关系中存在附属性，劳动者很多情况下只能忍气吞声，接受对自己不利的劳动条件。实际上，由于传统文化中以和为贵的思想影响，很多劳动争议中的劳动者还是愿意与用人单位和解，达到一个双方都满意的结果的。但是因为工会组织的缺乏，劳动者没有一个组织可以向他们提供解决劳动争议的专业的信息，比如，程序应该如何进行、应该维护的劳动权益包括哪些、哪种方式对自身最有利等[1]。如果能够有工会组织存在并及时向劳动者提供这些帮助，给予这些信息，劳动者就能够更好地认清自身的利益所在，更好地与用人单位协商，取得一个共赢的结果。

第六，部分工会人员素质有待提高。劳动争议的解决并不是一件简单的事情，需要参与协商的人员既要有较高的政策素养，还要有丰富的法律知识，还要对企业的经营管理比较熟悉。很多在工会工作的同志不具备这样的知识结构，也难以承担起参与劳动争议协商的任务。同时，很多企业工会的工作人员属于兼职性质，都有自己的本职工作，平常完成工会日常工作都需要抽时间，更不用说专门参加劳动争议协商了，他们也没有时间和机会参与类似的培训，学习相关知识，增长相关技能。

2. 企业劳动争议调解委员会功能难以发挥

企业内部设立的劳动争议调解委员会被赋予了对劳动争议进行调解的职能，这一职能的发挥将在下一节中讨论。劳动争议调解委员会也可以在劳动者与用人单位的协商中发挥重要功能，然而这一功能在现实生活中几乎没有发挥出来。原因有很多，其中一个重要原因就在于劳动争议调解委员会参与劳动争议协商没有制度性的依据，其能够发挥作用的这一方面没有得到足够的重视。实际上，企业劳动争议调解委员会熟悉企业情

---

〔1〕 刘兰、唐镪编著：《劳动争议处理》，东北财经大学出版社 2015 年版，第60 页。

况，对劳动争议双方都比较熟悉，能够在劳动争议协商中发挥重要作用，但前提是要在制度上搭好平台，让其能够有用武之地，有可以展现的舞台。

3. 和解协议效力不足

劳动争议双方经过协商可以达成和解协议，但和解协议的达成不意味着劳动争议的结束，因为这一协议并没有法律上的约束力，争议双方仍然可以随时反悔并不遵守协议。如果一方当事人事后毁约违反协议，另一方当事人也不能够去法院起诉请求强制执行，也无法根据现行法律追求其法律责任。于是，双方花费精力协商出来的成果，就变成了废纸一张。双方当事人又回到了当初争议的起点。所以，劳动争议当事人不愿意选择协商这种形式的一部分原因也是协商协议并不能够给当事人解决劳动争议的保证，这使得一部分当事人宁可选择更为稳妥、更有保证的如仲裁或者诉讼方式。

二、劳动争议调解制度存在的问题

调解是解决劳动争议的重要手段，不仅能够及时解决劳动争议，程序简便灵活，而且能够充分尊重当事人意志，体现当事人意愿，有利于劳动争议的彻底解决，有利于劳动者和用人单位之间社会关系的长期稳定，还极大地节省了劳动者的维权成本，应该成为一种广泛适用的劳动争议解决手段。但是由于当前我国劳动争议调解存在的一些问题，妨碍了其功能的发挥。

1. 企业劳动争议调解委员会作用受限

按照劳动法的规定，在用人单位内，可以设立劳动争议调解委员会，负责对用人单位和劳动者之间的劳动争议进行调解。因此，企业劳动争议调解委员会是在企业内部产生的一个组织，对于企业是有一定的从属性的。按照企业劳动争议处理条例的规定，调解委员会办事机构设在企业工会委员会。也就是说，调解委员会只是企业工会的一个下设机构。上文已经分析过工会相对于企业，在人、财、物上都缺乏独立性，很难摆脱企业的影响。那么，作为工会下设机构的企业劳动争议调解委员会就更难以摆脱这种影响了。这自然会限制调解委员会工作的开展。

从组成上来看，企业劳动争议调解委员会也有一定的问题，结构上有失衡之处，导致其中立性受到影响。按照劳动争议调解仲裁法的规定，企业劳动争议调解委员会的组成包括职工代表和企业代表。企业代表由企业负责人指定，而职工代表由工会成员担任或者由全体职工推举产生。这样，调解委员会实际上包括了两方代表：劳动者方和用人单位方。这与调解的本意有冲突。"所谓调解是指，在第三方的主持下，以国家法律、法规、规章和政策以及社会公德为依据，对纠纷双方进行斡旋、劝说，促使他们相互谅解，进行协商，自愿达成协议，消除纠纷的活动"[1]。因此，调解活动中一个必不可少的要素就是第三方，而且是一个处于中立位置上的第三方，这样才能

----

[1] 江伟、杨荣新：《人民调解学概论》，法律出版社1990年版，第1页。

进行调解。反观调解委员会的组成，只有职工代表和企业代表双方，这双方恰恰就是争议的双方，并没有处于独立地位的第三方的存在。这正如学者所论述的那样，"随着市场经济体制的逐步确立，劳动者和用人单位成为劳动力市场中的平等主体，工会是劳动者合法权益的代表者和维护者，不再是企业内部协调劳动关系的中立者，原有的劳动争议调解委员会三方性已经不复存在，工会和职工在理论上完全是一方。这使得企业劳动争议调解委员会中的工会代表难以或无法居中调解用人单位和自己所代表的劳动者之间的劳动争议"[1]。工会代表如是，职工代表也如是，这就造成了企业劳动争议调解委员会结构的失衡，进而影响了其功能的发挥。

地位上的不独立和结构上的失衡，导致了企业劳动争议调解委员会在现实生活中作用发挥有限。根据中华全国总工会的统计，截至 2005 年 9 月，全国基层工会所在企事业单位建立劳动争议调解委员会 23.1 万个，但该年度受理案件却只有 19.3 万件。也就是说，平均每个调解委员会全年受理案件数不到 1 个。而即便在如此低的受理案件数量下，案件成功调解的比率也很低。该年度调解成功案件数为 4.2 万件，将近 6 个案件才能有 1 个调解成功[2]。可见这一机构面临的现实困境。

---

〔1〕　杨德敏：《我国劳动争议处理机制的反思与重构》，江西人民出版社 2006 年版，第 120 页。

〔2〕　董保华：《论我国劳动争议处理立法的基本定位》，《法律科学（西北政法大学学报）》2008 年第 2 期，第 151 页。

2. 基层人民调解组织难以胜任

根据《人民调解委员会组织条例》的规定，人民调解委员会是村民委员会和居民委员会下设的调解民间纠纷的群众性组织，在基层人民政府和基层人民法院的指导下进行工作。《人民调解工作若干规定》第十条规定："人民调解委员会可以采用下列形式设立：（一）农村村民委员会、城市（社区）居民委员会设立的人民调解委员会；（二）乡镇、街道设立的人民调解委员会；（三）企业事业单位根据需要设立的人民调解委员会；（四）根据需要设立的区域性、行业性的人民调解委员会。""人民调解委员会的设立及其组成人员，应当向所在地乡镇、街道司法所（科）备案。乡镇、街道人民调解委员会的设立及其组成人员，应当向县级司法行政机关备案。"第十二条规定，"村民委员会、居民委员会和企业事业单位的人民调解委员会根据需要，可以自然村、小区（楼院）、车间等为单位，设立调解小组，聘任调解员。"可以看出，调解委员会往往是附属于某个村组织、社区组织或者附属于街道、乡镇的机构，接受县司法局或者乡镇司法所的指导，在我国行政序列中级别较低。而对于调解工作来说，调解机构的权威性是很重要的一环。在我国，机构权威性与行政级别有很大的关系，级别较高的机构往往拥有更大的权威性。相对来说，级别较低的人民调解委员会，很难取得当事人的信任，尤其是当涉事的用人单位规模较大或者级别较高时，比如，中央直属国有企业或者省直属国有企业，或者该县市纳税大户等。劳动者会质疑调解委员会调解这类劳动争议的可能性，用人单位也可能对调解委员会的权威性提出质疑。

基层人民调解组织的调解员的素质也是一个问题。《人民调解委员会组织条例》对调解员的要求是"为人公正，联系群众，热心人民调解工作，并有一定法律知识和政策水平的成年公民"。《人民调解工作若干规定》对调解员的要求是"为人公正，联系群众，热心人民调解工作，具有一定法律、政策水平和文化水平"，"乡镇、街道人民调解委员会委员应具备高中以上文化程度"。这些要求是比较低的，因为要考虑到基层实际情况，不宜将门槛设置太高，以免无人参与调解工作。但要求较低也会带来问题，调解员对于劳动争议调解可能不太在行。一般来说，人民调解委员会调解员面对的都是一些小的社会矛盾、家庭纠纷，处理问题主要依靠说理、调和，运用社会公德、人情世故来说服双方，法律因素较少。这些手段在处理劳动争议的时候难免会不敷使用。劳动争议不仅是劳动者和用人单位之间的意见冲突，更涉及劳动法律的规定，证据规则的使用，具体金额的计算等复杂因素，有一定的专业性。没有专业知识背景或者从业经验，难以调解劳动争议。

3. 乡镇、街道设立的有劳动争议调解职能的组织有待发展

《劳动争议调解仲裁法》还规定了一种对劳动争议进行调解的组织——在乡镇、街道设立的有劳动争议调解职能的组织。这类组织因为是法律中新规定的事物，还处于发展过程中，目前来看难以承担起调解大量劳动争议的重任。

随着社会经济不断发展和劳动争议数量不断增加，很多地区开始尝试探索建立这类调解组织。目前来看，有些地区如浙江，将这类调解组织设立在乡镇劳动服务站下，为劳动者提供服务。也有地方将这类调解组织设立在工会下。因为这类调解组织仍在不断地发展过程中，其设立模式、人员组成、调解规则也都没有统一的规定，目前也难以成为劳动争议调解的主要途径。而且，这类调解组织也面临着其他类型的劳动争议调解组织面临的同样的问题，"由于企业的生产经营与其所在地的税收密切相关，企业的利益也往往为当地的政府所重视，那么基层的社会化调解组织能否在调解过程中真正做到'不偏不倚、公正公平'就值得怀疑"[1]。

4. 调解协议的效力问题

劳动者和用人单位之所以选择某种纠纷解决模式，是因为他们相信这样一种模式对他们来说，成本最低，效果最好。那么，这样一种模式，其效果应有一定的确定性。也就是说，最后达成的结果能够对双方都有约束力，如果没有遵守协议就会导致对自己不利的法律后果。但从我国目前法律规定来讲，调解协议还不具备这样的法律效力。《劳动争议调解仲裁法》第十四条规定，"经调解达成协议的，应当制作调解协议书。调解协议书由双方当事人签名或者盖章，经调解员签名并加盖调解组织印章后生效，对双方当事人具有约束力，当事人应当履行"。但法律只是简单地表明了调解协议具有约束力，至于具有怎样的约束力，能够对当事人产生怎样的约束却没有说明。

---

〔1〕 王天玉：《借鉴与整合：从英国ACAS看我国劳动争议调解制度改革》，《中国劳动关系学院学报》2008年2月第22卷第1期，第80页。

"法律效力问题实际上就是由国家保证执行的法律上的强制作用及其生效的范围"[1]。没有了强制力的法律实际上更类似道德约束。没有了实际规定支撑，调解协议的强制力得不到保证，调解这种形式也就很难获得当事人的信任，难以被劳动争议双方当事人选择。

《劳动争议调解仲裁法》第十六条规定了部分具有金钱给付内容的调解协议有一定的强制执行力，劳动者可以凭借协议直接去人民法院申请支付令。然而考察民事诉讼中关于支付令程序的规定可以发现，对于权利义务清晰、仅具有金钱支付内容的民事纠纷，当事人可以直接去人民法院申请支付令，要求对方履行。因此，按照民事诉讼法律程序的规定，特定类型案件的当事人可以直接去人民法院申请支付令。而进行劳动争议调解的话，首先要经历调解过程，其次还要能够达成调解协议。达成调解协议而且对方在一定期限内没有履行义务的时候，才能去人民法院申请支付令。这个程序明显烦琐于普通民事程序。因此，很难认为，这是劳动者维护自身权益更好的选择。

三、劳动争议仲裁制度存在的问题

1. 强制仲裁制度违背了意思自治原则

《劳动争议调解仲裁法》第五条规定："发生劳动争议，当

---

[1] 刘金国、舒国滢主编：《法理学教科书》，高等教育出版社1999年版，第96页。

事人不愿协商、协商不成或者达成和解协议后不履行的，可以向调解组织申请调解；不愿调解、调解不成或者达成调解协议后不履行的，可以向劳动争议仲裁委员会申请仲裁；对仲裁裁决不服的，除本法另有规定的外，可以向人民法院提起诉讼。"由此可见，我国劳动争议处理机制中的裁审关系可以概括为一裁两审、先裁后审，仲裁为诉讼的前置程序，没有经过仲裁的劳动争议人民法院不予受理。这一制度设计的初衷是充分发挥仲裁机构熟悉劳动法律的优势，缓解人民法院的工作压力，将劳动纠纷尽可能化解在仲裁阶段，提高纠纷解决效率。但是，仲裁和诉讼作为两种相对独立的劳动争议处理方式，在程序上出现了叠加，处理环节增多、周期过长。一个劳动争议经过了协商、调解、仲裁最后诉至法院甚至上诉，走完全部的程序需要的时间是相当漫长的，这样实在难以满足劳动争议的处理对及时性的要求，不仅增加了双方当事人的时间成本，还加大了劳动争议处理机构的工作成本。一方面，本来劳动争议制度的设计是为了迅速化解纠纷，这种前置程序的规定却妨碍了当事人意思自治权利的行使，无法按照自己的意愿根据实际情况选择解决纠纷的途径，实质上有公权力对私权利的干涉之嫌。另一方面，由于实践中劳动仲裁的裁决不具有终局性，劳动争议的当事人对仲裁裁决结果不服的，仍然可以向人民法院起诉，而法院也将重新开始对案件的审理，原有的仲裁裁决结果只能成为一纸空文，显然是对同一事项的重复审理，无疑造成司法资源的浪费。

2. 仲裁机构缺乏独立性，行政色彩浓厚

我国的劳动争议仲裁机构与普通民商事仲裁机构不同，它隶属于政府下设的劳动行政部门，从表面上看似乎是一个独立的机构，但实际上受到劳动行政部门各方面的制约，行政色彩明显。在人员组成上，《劳动人事争议仲裁组织规则》第五条、第六条作出了明确规定：仲裁委员会由干部主管部门代表、人力资源社会保障等相关行政部门代表、军队文职人员工作管理部门代表、工会代表和用人单位方面代表等组成。仲裁委员会设主任一名，副主任和委员若干名。仲裁委员会主任由政府负责人或者人力资源社会保障行政部门主要负责人担任。此外，第十一条还规定，仲裁委员会组成单位可以派兼职仲裁员常驻仲裁院，参与争议调解仲裁活动。由以上规定不难发现，劳动争议仲裁机构的上级组织领导者乃至工作人员普遍来自政府机构，一般由政府部门负责任命或指派。在经费来源上，组织规则第十条规定仲裁委员会的经费依法由财政予以保障。由此可见，劳动争议仲裁机构无论是组成人员安排还是经济命脉都完全受制于行政机关，行政部门对仲裁机构有着不可忽视的影响力，仲裁裁决的最终结果受行政部门意志影响很大。行政部门也负有维护劳动者权益的职责，但他们的立场与劳动者并不完全一致，一些情况下二者可能发生冲突。劳动仲裁机构的中立性的缺失，导致裁决结果的权威性和公信力下降，劳动者更倾向于通过诉讼解决纠纷，最终导致劳动争议仲裁发挥的作用受到严重制约。

3. 一裁终局制度适用范围过窄且有悖于法理

《劳动争议调解仲裁法》第四十七条对一裁终局的适用范围作出了明确规定，包括以下两类案件：追索劳动报酬、工伤医疗费、经济补偿或者赔偿金，不超过当地月最低工资标准十二个月金额的争议；执行国家的劳动标准在工作时间、休息休假、社会保险等方面发生的争议。一裁终局制度设计的目的是减少进入诉讼程序的案件数量，缩短维权周期，降低劳动者的维权成本。但是通过仔细研究发现，现行规定并没有达到这个预期效果。首先，第（一）项中规定的四类案件的金额限定在当地最低工资标准十二个月的金额，而根据相关规定，当地最低工资标准的数额非常有限，从而导致能够纳入一裁终局范围的案件也非常有限。以上海市为例，上海市 2021 年最低工资标准为 2590 元，12 个月的工资数额为 31080 元，那么只有低于 31080 元争议标的额的案件才能适用一裁终局，而上海市 2021 年的月平均工资为 10338 元，年平均工资为 124056 元。在最低工资标准远低于平均工资的背景下，意味着很大一部分劳动争议无法实现一裁终局，劳动者仍然得面临诉讼。那么一裁终局发挥的功效就会非常有限，适用范围太狭窄。其次，该法第四十八条规定，"劳动者对本法第四十七条规定的仲裁裁决不服的，可以自收到仲裁裁决书之日起十五日内向人民法院提起诉讼"。四十九条规定，"用人单位有证据证明本法第四十七条规定的仲裁裁决有下列情形之一，可以自收到仲裁裁决书之日起三十日内向劳动争议仲裁委员会所在地的中级人民法院申请撤销裁决"。这样看来，适用一裁终局的案件是有选择的终局，终局只针对用人单位而不针对劳动者，对于仲裁裁决不服的劳动者可以向人民法院起诉，而用人单位仅可在裁决适用法律错误或者违反法定程序等条件下才可向人民法院申请撤销。这样的设计表面上看是侧重于对劳动者权益的程序上的保护，但代价却是违背程序公正。

劳动仲裁制度赋予了双方当事人申请仲裁和提起诉讼的权利，但在一裁终局制度的设计中，终局裁决的效力仅及于用人单位，而没有针对劳动者。用人单位在特定情形下能够提起诉讼，劳动者则不受此限制。根据相关法律规定，仲裁裁决一经作出即发生法律效力，而这个发生法律效力的裁决却随时可能因为劳动者或者用人单位提起诉讼而不发生法律效力。仲裁裁决在提起诉讼的期限内同时具有生效和效力待定两种状态，有悖法理。

4. 劳动争议仲裁时效规定过短

《劳动争议调解仲裁法》颁布以后，将申请劳动争议仲裁的时效由《劳动法》规定的 60 天延长到一年。立法之所以规定较短的时效，一方面是为了敦促当事人尽快行使权利，另一方面从实务的角度考虑，也方便于劳动者举证。特别是对于一些中小型企业，人员流动性较大，或者资料保存时间较短，如果时间拖太久，会造成取证难的情况，不便于劳动者依法主张权利。从这个意义上来讲申请仲裁的时效规定为一年是比较合理的。但是从另一个角度来说，发生劳动争议的往往都是一些用工不规范的小型企业，其雇用的员工也存在文化水平一般，法律维权意识淡薄的情况，在劳动关系存续期间，即使其明知权利被侵犯，也可能因为不知如何主张权利或不敢主张权利而将事情搁置，等其知道该向劳动争议仲裁机构提出申请时，时效也已经过去。因此，劳动争议仲裁时效制度应在公平公正与效率之间求得平衡。在劳动立法时，应考虑到劳动关系具有的人身隶属性，即劳动者需服从用人单位的指挥和安排，劳动者处于弱势地位，从而对劳动者做出倾斜性保护。如《劳动法》在第一条中便开宗明义"为了保护劳动者的合法权益"，在具体规则中更是做出了有利于劳动者的规定。在《劳动争议调解仲裁法》第二十七条中专门规定了劳动关系存续期间对拖欠劳动报酬引发的争议可以不受一年仲裁时效的限制。虽然较短的仲裁时效可以敦促当事人及时行使权利，易于调查取证，但"程序权利不充分，实体权利的维护将面临种种困难"[1]。过短的仲裁申请时效期限会使当事人的实体权利受限严重。以保护劳动者的权益为宗旨的劳动法，在仲裁时效上规定仅为一年，远远低于一般民事诉讼三年的时效，实在难以体现出对劳动者的倾斜性保护，更无法实现公平与效率。

5. 缺乏仲裁监督机制

我国劳动争议仲裁的监督机制不完善，其主要依赖于劳动行政部门的内部考核监督。一方面，对于劳动争议仲裁的行政监督不力。劳动争议仲裁机构行政色彩浓厚，机构定位模糊，行政监督不到位，行政诉讼不涉及，导致其裁决权未能得到及

---

〔1〕 郑尚元：《劳动争议处理程序之和谐——以"劳动仲裁时效"为例》，《法学家》2005 年第 5 期，第 28 页。

时有效的监督。法律仅规定了劳动争议仲裁委员会对仲裁员和对错案的监督，但没有规定对其自身的监督，导致系统内部监督机制缺位，无法行使有效的内部监督，使得劳动争议仲裁活动处于一种监督相对真空的状态。加之社会群体、公众媒体对劳动争议仲裁关注程度并不高，劳动争议仲裁机构的行政化外衣更多时候使其免责于众，劳动争议仲裁机构的不当行为很难被发现。另一方面，对于劳动争议仲裁机构的司法监督不力。《最高人民法院对劳动部〈关于人民法院审理劳动争议案件几个问题的函〉的答复》中规定，"二、劳动争议当事人对仲裁决定不服，向人民法院起诉的，人民法院仍应以争议的双方为诉讼当事人，不应将劳动争议仲裁委员会列为被告或者第三人。在判决书、裁定书、调解书中也不应含有撤销或者维持仲裁决定的内容"。由此奠定了法院不对劳动仲裁裁决审查的基础。虽然该答复后来被废止，但受此影响，法院受理后，对于仲裁过程是否合法以及结果是否公正不予审查，只就案件本身进行审理，从而作出判决。即使在审理过程中发现仲裁行为和结果存在错误，由于缺乏相关监督机制，法院往往会视而不见。这就导致仲裁过程中种种不合理甚至不合法的行为无法得以及时发现和纠偏。在我国这种劳动争议仲裁缺少外部监督的背景下，裁决结果存在不公正、随意性的可能性增加，导致仲裁裁决的公信力和权威性大打折扣，仲裁制度发挥的作用也受到很大影响。

四、劳动争议审判制度存在的问题

1. 裁审适用法律不统一

我国劳动争议仲裁和诉讼程序性质并不完全一致，仲裁具有准司法性和行政性双重特征。一方面，仲裁具有的准司法性使得仲裁机构作出的生效仲裁裁决在理论上与生效的法院判决具有同等效力；另一方面，劳动争议仲裁还具有行政属性。劳动仲裁的目的既是解决当下的劳动争议，也是调和双方紧张的矛盾，以期恢复到争议发生之前的局面，维持和谐稳定的劳动关系。我国劳动争议仲裁机构设立在人力资源和社会保障部，受人社部统领管辖，往往同时适用部门规章以及政策性文件，重点考虑劳资双方利益的平衡和社会的稳定。这种双重性是由劳动关系的本身属性决定的。相对于诉讼程序非此即彼的处理方式，劳动仲裁处理程序相对更为缓和。由于劳动仲裁委员会具有行政导向性，其设立受国家政策和地方法规影响较大，其往往参照法律以及行政法规以外的规范性文件做出仲裁裁决，因此其裁决结果相较于人民法院的判决法律专业性较弱。与之相反，民事诉讼则是完全的司法性质，作为独立的司法机关，依法独立行使审判权，不受行政机关的干预，其裁判的最终依据是以法律为准，其他规范性文件仅作为参考，加之其奉行公平正义原则，遵循法律思维逻辑，更侧重对公正公平的追求。因而，仲裁机构与司法机关针对同一案件在事实认定和法律的适用上出现矛盾的情形也屡见不鲜，从而导致仲裁裁决结果和判决结果截然不同。以《中华人民共和国劳动合同法实施条例》第二十一条的规定为例，劳动仲裁机构与人民法院之间就存在着不同的理解。劳动仲裁机构认为劳动者达到法定退休年龄之后劳动合同终止，用工关系自动转变为劳务关系，不属于劳动仲裁受理的劳动争议范围。另外该条款没有赋予未享受基本养老保险待遇的除外情形，因此无论劳动者是否享受了基本养老保险待遇均应当适用。而人民法院则认为该条的规定不是强制性规范，而是权利性规范，是赋予了劳动者或者用人单位在劳动者达到法定退休年龄后拥有选择终止劳动合同的权利；但是如果双方都没有选择终止，那么用工关系仍为劳动关系，不能因为劳动者达到退休年龄后当然转变为劳务关系，因此属于人民法院劳动争议的受案范围[1]。

对于仲裁结果，当事人从自身利益出发会选择继续向法院起诉，以期待将对其不利的裁决结果得以推翻，这不但意味着仲裁裁决书失去法律效力，成为一纸空文，严重打击了仲裁的权威性和公信力，而且还意味着法院对劳动争议案件的审理工作将按照普通民事诉讼程序重新启动，双方当事人将完整地地经历一遍民事诉讼的立案、受理、一审、二审、判决、执行等漫长的诉讼程序，尤其是审理阶段，当事人需要重新搜集整理证据，举证质证，这便造成了在诉讼阶段的重复审理，既浪费了司法资源，又增加了当事人的诉讼成本。

---

〔1〕 郑祝君：《劳动争议的二元结构与我国劳动争议处理制度的重构》，《法学》2012 年第 2 期，第 53 页。

2. 管辖权存在不一致

地域管辖上，仲裁和诉讼的管辖地点分别是合同履行地和用人单位所在地。双方当事人分别向不同地区的仲裁委提起仲裁的，由劳动合同履行地的仲裁委员会管辖；双方当事人向不同法院提起诉讼的，由最先受理的法院管辖。仲裁与诉讼在管辖权归属上存在的这一差异，当出现管辖冲突的情形时则会影响争议案件的处理结果。实践中，随着经济的迅速发展和企业经营规模的扩大，用人单位所在地与劳动合同履行地不在同一地区的情况非常普遍，劳动者被外派到异地工作的情况屡见不鲜，当双方发生劳动争议，劳动者向劳动合同履行地的仲裁委提起仲裁，仲裁裁决后双方均不服，各自向自己所在地的法院提起诉讼。如果用人单位先向其所在地法院提起诉讼，劳动者后向劳动合同履行地法院提起诉讼，则该案件按照诉讼管辖原则用人单位所在地法院享有优先管辖权，劳动者需要去外地参加诉讼，对于一审不服的还可以上诉到二审，一定程度上加大了劳动者的维权成本，也不利于人民法院实地调查取证，查明案件事实。另外，不同地区的人民法院审理案件各有其区域特点，会根据本地区的政策或者是惯例来对案件作出裁决，这种情况下就极易出现法院的裁判结果与仲裁结果不一致。

在级别管辖问题上。由于我国仲裁机构不存在行政关系上的隶属性，仲裁机构之间并没有形成相应的"级别管辖"，与劳动争议诉讼的级别管辖之间存在的差异导致在管辖上存在事实和逻辑的矛盾。依据《劳动争议调解仲裁法》第四十九条的规定，在一裁终局案件中，用人单位在法定六种情形下，可在法定期限内向劳动争议仲裁机构所在地的中级人民法院申请撤销原仲裁裁决书。但是在实际中还极易出现的一种状况是，用人单位申请撤销的同时，劳动者也对原裁决结果不服，争议转而进入诉讼程序，此时就会出现管辖归属争议。《最高人民法院关于审理劳动争议案件问题的解释（一）》第二十条对此进行了规定，明确在此情形下基层人民法院率先进行管辖的权利，但是在一定程度上侵害了用人单位的申请撤销的权利，对于用人单位而言缺乏公平。此外，在司法实践中，针对这一问题部分地方人民法院、政府出台了一些指导意见，如广东省。广东省高级人民法院、广东省劳动仲裁委员会制定了《关于适用〈劳动争议调解仲裁法〉、〈劳动合同法〉若干问题的指导意见》，其中第十条规定，"劳动者就终局裁决向基层人民法院起诉，而用人单位依据《劳动争议调解仲裁法》第四十九条的规定向中级人民法院申请撤销仲裁裁决的，中级人民法院应不予受理。已经受理的，应裁定终结诉讼。但基层人民法院审理案件时，对用人单位的抗辩应一并处理。劳动者起诉后撤诉或因超过起诉期间被驳回起诉的，用人单位自收到裁定书之日起三十日内可以向劳动争议仲裁委员会所在地的中级人民法院申请撤销仲裁裁决。中级人民法院在受理用人单位撤销仲裁裁决的申请后，或基层人民法院在受理劳动者对于终局裁决不服的案件后，均应在开庭审理前审查是否同时存在撤销仲裁之诉和劳动者不服终局裁决的起诉，以便两级法院就有关案件进行协调和沟通"。这个规定既在实体上要求法院对劳动争议案件事实进行认真查审，也在程序上要求上下级法院之间必须进行沟通协调，确保法律适用的一致性。但就全国范围而言，还没有一个统一的规定，各地做法不一，一定程度上影响了法律的严肃性。

3. 受案范围规定不统一

依据我国现行的"仲裁前置"这一强制性规定，劳动争议仲裁案件的受案范围是劳动争议处理程序的第一步，只有经过仲裁的劳动争议案件法院才能受理。因而，在一定程度上劳动诉讼的受案范围受限于劳动仲裁的受案范围。一旦两者受案范围出现不一致，极有可能导致当事人无法进行后续的诉讼程序，丧失最后的司法救济，损害当事人合法诉权，影响劳动争议的顺利解决，也会造成仲裁资源和司法资源浪费等问题的出现[1]。

以社会保险争议为例，《劳动争议调解仲裁法》第二条第四项规定，社会保险发生的争议属于劳动争议仲裁的受理范围。《社会保险法》第八十三条规定，个人与用人单位发生社会保险争议后，当事人可以申请仲裁、提起诉讼，个人也可以要求行政部门依法处理。由此可见，凡是与社会保险有关的劳动争议都属于劳动仲裁委的受理范围。而《最高人民法院关于审理劳动争议案件适用法律问题的解释（一）》第一条第五款规定的属于劳动争议受案范围之一的情形是，劳动者以用人单位未为其办理社会保险手续，且社会保险经办机构不能补办导

---

[1] 谢增毅：《劳动法的比较与反思》，社会科学文献出版社 2011 年版，第 103 页。

致其无法享受社会保险待遇为由，要求用人单位赔偿损失发生
的纠纷。这里需要说明的是，社会保险争议在内容上主要有待
遇争议、缴费争议以及发放争议三种表现形式，具体而言，待
遇争议往往是由于用人单位未办理社会保险导致劳动者遭受社
会保险待遇损失引发的争议，缴费争议是劳动者要求用人单位
补办或者补交社会保险引发的争议，发放争议是劳动者与社会
保险经办机构因发放数额引发的争议[1]。社会保险争议在主
体上涉及劳动者、用人单位和社会保险经办机构三方，但是我
国劳动争议案件的当事人一般情形下是用人单位和劳动者。我
国社会保险制度具有强制性特征，社会保险经办机构本质是受
劳动行政机关委托办理社会保险事宜的机构，担负着社会保险
费用的征收管理以及费用发放领取情况的核实等职能，其本质
上是一种行政行为。因而，尽管法律明确规定劳资双方之间产
生的社会保险争议是劳动争议，但在司法实践中，为避免在受
案范围上出现民事行为与行政行为的重合，造成民事诉讼与行
政诉讼的混乱，社会保险经办机构不会成为劳动争议案件的当
事人[2]。因此，人民法院在审理此类案件时通常依据《最高
人民法院关于审理劳动争议案件适用法律问题的解释（一）》
的规定，只受理待遇争议问题，即用人单位未给劳动者办理社

---

〔1〕　黄振东：《社会保险争议受理范围刍议》，《法律适用》2013 年第 6 期，第
12 页。

〔2〕　薛长礼、柴伟伟：《劳动争议处理受案范围的规范分析》，《河北学刊》2011
年第 3 期，第 141 页。

保手续，导致劳动者无法享受社保待遇而产生的劳动争议。缴费争议和发放争议则排除在人民法院的受案范围外，当事人因为社会保险缴费和发放纠纷向仲裁委提起申请，又因为不服仲裁裁决起诉到法院后，法院经常以该类案件不属于法院的受理范围不予受理，最终导致当事人救济权利的丧失。

4. 诉讼请求与仲裁请求不一致

首先，增加诉讼请求的情形。诉讼请求本是仲裁请求向诉讼阶段的"移植"过程，但实践也往往存在当事人在起诉时增加诉讼请求的现象，主要存在两种情况：一是原告的诉讼请求在仲裁请求中没有提出；二是原告的诉讼请求超过了仲裁请求的标的额。在诉讼阶段当事人新增诉讼请求的，人民法院依法受理且与其他诉讼请求合并审理，则实质上违反了"仲裁前置"这一规定；人民法院裁定不予受理，则意味着原告想要实现其增加的诉请，基于"仲裁前置"的相关规定，需就该部分请求另行提出仲裁申请，裁决之后仍不服的才能再次起诉，程序上的冗长将会增加当事人的维权成本并浪费司法资源。因此，对于这两种情况受理有违法理，不受理有悖于情理，实践当中存在着矛盾，难以操作。

《最高人民法院关于审理劳动争议案件适用法律问题的解释（一）》第十四条规定："人民法院受理劳动争议案件后，当事人增加诉讼请求的，如该诉讼请求与讼争的劳动争议具有不可分性，应当合并审理；如属独立的劳动争议，应当告知当事人向劳动争议仲裁机构申请仲裁。"但是何为"不可分性"？何为"独立的劳动争议"？具体适用标准缺乏明确规定，导致该条款缺乏实际可操作性，在实践司法裁判中主要依靠审判员的主观判断及其自由裁量，极易产生同案不同判的结果。北京市高级人民法院提出"不可分性"的认定以诉讼请求是否与仲裁请求基于同一不可分的事实为标准，若基于同一不可分事实，则法院应当合并审理，将增加的诉讼请求合并审理；实践中还存在的其他做法是，通过"标的类型""时间""金额"等要素来判断诉讼请求是否具备"不可分性"。这些判断标准都有一定的合理性，然而标准的不统一必然会导致裁判结果各异，司法公正受到质疑。

其次，减少诉讼请求的情形。在诉讼阶段，法院审查的对象是当事人提起的诉讼请求而不是仲裁裁决的结果，原告起诉减少原仲裁请求可视为是对自己权利的处分，是当事人的意思自治的体现，只要诉讼请求符合受案范围法院就应当审理。根据民事诉讼法"不告不理"的原则，原告没有提起的诉请法院不能主动审查，但劳动争议案件实行全面审查原则，这是对"不告不理"原则在一定程度上的突破。根据《最高人民法院关于审理劳动争议案件适用法律问题的解释（一）》第十六条的规定，劳动争议仲裁机构做出仲裁裁决后，当事人对裁决中的部分事项不服，依法提起诉讼的，劳动争议仲裁裁决不发生法律效力。因此，即使劳动者就部分仲裁裁决事项提起诉讼，最后也会使得全部仲裁裁决无效，哪怕是劳动者认可的裁决结果，也只能被动接受再次审理的局面，这与意思自治原则背道而驰，也使得劳动者丧失了申请执行的依据，案件变得复杂漫长。仲裁前置这一程序本来的目的就是提高劳动争议解决效率，在仲裁程序中对一部分争议作出终局性裁决，减轻法院工作负担。如果仲裁裁决的生效必须以法院判决的生效为前提，等于是将前置程序再一次颠倒了过来，完全违背了前置程序设置的初衷。

最后，变更诉讼请求的情形。这种情况与前两种情况相比较为复杂，原告不是单纯地增加或者减少仲裁中的请求，而是既存在增加诉讼请求也存在减少诉讼请求的情形，既可能是进行了量的变更，常见的是请求数额的变更、请求期间的变更；也可能是进行了质的变更，比如，将要求经济补偿金变为经济赔偿金。我国《民事诉讼法》对于变更诉讼请求有明确规定，但对劳动法如何与其相衔接的规定却付之阙如，这也造成了仲裁与诉讼存在衔接不畅的问题。实践中只能依赖于法官的自由裁量，审理的结果难以保持一致性，无疑也损害了司法的权威性。

第三章
国外劳动争议处理经验借鉴及启示

第一节 代表性国家经验借鉴

一、英国

英国是世界上最早的资本主义国家，也最先面临劳动争议这一社会矛盾。英国在处理劳动争议的过程中积累了丰富的经验，也在处理劳动争议方面取得了长足的发展，其劳动争议领域的法律法规经过了漫长的发展，形成了一套成熟的劳动法律体系。如今英国的劳动基准法主要包括劳动合同、信息安全、劳动报酬、工作时间、劳动安全、解除劳动合同、消除就业歧视等七大领域，由《雇佣关系法》《公共利益信息公开法》《国家最低工资法》《工资法》《工作时间法》《劳动健康与安全法》《劳动权利法》《性别歧视法》《反残疾歧视法》《种族关系法》等构成[1]。

---

[1] 闫冬：《英国劳动基准立法》，《中国劳动》2012 年第 12 期，第 32 页。

英国处理劳资纠纷的方式划分为咨询、调解、仲裁和诉讼四种方式，对应的纠纷解决机构主要有咨询、调解及仲裁服务局（ACAS）、中央仲裁委员会（CAC）和雇佣法庭。咨询、调解及仲裁服务局建立于 1974 年 9 月 2 日，前身是劳资关系委员会。咨询、调解及仲裁服务局是政府出资建立的独立的非政府组织，是不隶属于政府部门的独立争议处理机构，资金来源于贸易与工作部，负责处理个人劳资纠纷和集体谈判争议案件。该机构的工作宗旨是重视自愿解决纠纷，把调解作为处理个体争议的主要方式，努力促成当事人通过合作来履行自己的职责，充分尊重当事人自愿解决纠纷的愿望，其调解结果对争议双方当事人均具有法律约束力。经过咨询、调解及仲裁服务局调解的个体劳动争议未能达成调解协议的，可以向雇佣法庭提起诉讼以寻求司法途径解决争议。案件经初审法庭审理后，初审法庭作出的判决多数具有终局性，即一审终审，只有在劳资争议当事人认为初审法庭据以判决所依据的法律不适当的情况下才可以提出上诉请求。咨询、调解及仲裁服务局坚持持续性的三方原则，咨询、调解及仲裁服务局的三方委员由一名非全职独立主席、十二名委员和三名独立委员共同组成，其中十二名委员中包括四名雇员代表（其中三名通过与英国总工会协商确定）和四名雇主代表（其中三名与英国工业联合会协商确定）。咨询、调解及仲裁服务局的主要工作包括三个方面：预防及解决纠纷、对送到雇佣法庭的实际和潜在的诉讼进行调解、提供信息和咨询。提供信息和咨询是指通过将涉及雇佣关系的内容输入到计算机系统，通过一个覆盖全英的公开咨询网络来进行查询并提供相关信息，该咨询网络免费向个人和机构开放并提供咨询服务[1]。

中央仲裁委员会作为永久性的三方仲裁委员会创立于 1975 年，并在 2000 年重新组建。中央仲裁委员会的设立目标是追求劳资关系和劳动争议解决方式的完善。中央仲裁委员会独立于咨询、调解及仲裁服务局，是两个独立的纠纷解决机构，独立于政府，也不受制于政府的任何指令，专门负责处理工会合法性相关案件，并不适用于个体劳动争议的案件。该组织由一名主席以及若干代表雇主和工人的委员组成，不包含政府人员或律师。在具体解决劳资纠纷时，主席和两名分别代表劳资纠纷双方的委员共同予以裁定，仲裁裁决是终局裁判，当事人不得向法院起诉。

雇佣法庭是审理劳资纠纷的专门劳动法庭。1975 年英国通过《雇佣保护法》建立了雇佣上诉法庭，主要处理咨询、调解及仲裁服务局未能帮助调解而向法院提起诉讼的个体劳动争议。雇佣法庭亦采用三方原则，也保留了许多普通法院的特点。雇佣法庭依然采用对抗式诉讼程序，但法庭本身不具有调查权，因此劳资纠纷的案件事实需要各方当事人陈述并拿出证据予以证明。因调解权在庭审之前已经授予咨询、调解及仲裁服务局，因此法庭自身无权促成或强制和解。

英国劳动争议处理机制的特点体现在如下方面。

---

〔1〕［英］史蒂芬·哈迪：《英国劳动法与劳资关系》，陈融译注，商务印书馆 2012 年版，第 55 页。

首先，把调解作为诉讼的前置程序。咨询、调解及仲裁服务局的调解是劳动争议解决的前置程序。在早期，英国采取的做法是，一旦法院收到劳动争议诉讼，就将其提交给该局。该局便组织人手对该劳动争议进行调解。如果双方达成和解协议，那么该局便会通知法院，法院则将案件撤回。后来通过司法实践，英国发现这种调解前置的方式能够有效地减轻司法诉累，提升当事人的满意度，于是扩大了这种司法调解的范围。劳动争议当事人在提交诉讼之前，必须首先申请咨询、调解及仲裁服务局进行调解。如果对方拒绝调解或者是调解结果不能够使双方满意，劳动争议双方当事人就会获得一个调解案件编号，凭该编号才能够去法院提起诉讼。

其次，通过赋予雇佣裁判庭法官更多的主动权来预防和抑制滥用诉权。英国赋予法院对诉求的剔除权。也就是说，在诉讼中，法官可以按照自己的判断或者依照当事人的申请，剔除部分或者是全部诉讼请求，终止诉讼程序。剔除的理由一般是一方当事人有滥用诉权的表现，完全没有任何胜诉的可能性，或者是当事人表现出了极为不恰当的行为以至于干扰到了司法秩序。在诉讼程序中，如果法官认为一方当事人胜诉的机会渺茫，他还有权要求该当事人向另一方当事人支付一笔保证金以保证诉讼继续进行下去。如果当事人拒绝支付这笔保证金，不管是直接拒绝还是在规定期限内未能缴纳，诉讼将被终止。如果当事人缴纳了这笔保证金，但是在随后的判决中败诉了，这证明他确实存在着滥用诉权的行为，这笔保证金将被没收。与保证金类似的还有诉讼成本赔偿金。这种赔偿金发生的场合同样是滥用诉权的情形。如果法官认为一方当事人滥用诉权，将按照对方的损失数额判令赔偿。这些损失包括委托律师的花费，缴纳的诉讼费以及当事人或者证人因为出庭遭受的经济损失等。

最后，英国雇佣法院审判组织比较灵活。审判组织的传统构成是典型的三方结构，包括一位法官与两位有过工作经历的社会人士。法官精通法律，而两位社会人士则分别代表了劳动者和用人单位，协助法官审理案件。这种结构有利于法官更好地理解案情，作出更为合理的裁决。但如果案件较为简单，法院将采取独任审判制，仅由一名法官审理案件。这样可以更加高效地进行审理。同时，对于一些争议金额不大、案情清晰的案件，可以采用一裁终局制，不需要再进行上诉审理，以提升司法效率。

二、美国

美国作为发达的资本主义国家，经济发展水平较高，其法律制度也较完善。美国经过长期的摸索和实践，形成了较为完善的处理劳动争议的法律制度和法律体系。在劳资关系维护方面有《美国国家劳资关系法》《美国劳动管理关系法》，劳动标准方面有《同工同酬法》《劳动标准法》，社会保障方面有《失业保险法》《医疗保险法》和《工伤事故保险法》，就业与培训方面有《就业机会法》《职业教育法》，劳动安全方面有《美国职业安全卫生法》；同时美国作为判例法国家，积累的大量判例与劳动立法相互补充，为劳动争议案件法律适用提供更为缜密完善的依据。

美国处理劳动争议的机构分为官方、民间和法院三类，官方机构以联邦调解服务机构（FMCS）最为典型，民间机构则以美国仲裁协会（AAA）为代表。美国处理劳资纠纷案件的主要方式是调解和仲裁，其劳动相关法律中也明确了仲裁和调解的重要性，美国建立的处理劳动争议的调解与仲裁制度相对比较完善。美国政府创立的联邦调解服务机构是美国解决劳动争议的外部第三方机制最为典型的机构。当劳资双方围绕利益发生纠纷后，为积极解决双方之间的矛盾和冲突，可以寻求联邦调解服务机构以中立第三方的身份帮助劳资双方打破僵局，在联邦调解服务机构的组织下进行劳资双方的调解协商。联邦调解服务机构的调解员具备丰富的处理劳资关系经验，在调解员组织调解下，双方达成的任何协议都具有法律效力和强制执行力[1]。

美国的仲裁以自愿仲裁和强制仲裁相结合，调解或仲裁不是必须经过的前置程序，当事人可以越过调解或仲裁而直接选择起诉，此时由普通法院按照普通程序来审理该权利争议。大多数的劳资纠纷以自愿仲裁为主，但劳资双方选择自愿仲裁解决纠纷需以双方在合同中约定仲裁条款为前提，只有在某些领域的利益涉及国计民生或产生巨大影响时才启动强制仲裁[2]。

---

〔1〕 林晓云：《美国劳动雇佣法》，法律出版社 2007 年版，第 164 页。

〔2〕 任卓燃、胡杰：《劳动争议仲裁在美国的兴起与发展》，《湖南社会科学》2015 第 2 期，第 83 页。

劳资双方对于仲裁机构作出的仲裁结果不能接受的，可以向法院提起上诉，但法院仅对自愿仲裁双方约定的仲裁条款是否有效和仲裁裁决是否具有强制执行力进行审查，而不对仲裁结果的正确与否予以判定[1]。

　　在劳动争议案件处理体制上，美国按照劳动争议利益类型将劳动争议分为权利争议和利益争议。对于利益争议通过企业内部 ADR（替代性纠纷解决程序）、美国联邦调停调解局居中进行调解、仲裁（民间仲裁和官方仲裁）等非诉方式进行处理。对于围绕权利发生的纠纷有两种处理方式。一种方式是劳资纠纷双方当事人直接向法院提起诉讼，启动司法程序解决争议，如普通民事诉讼程序那样，由普通法院对该劳资纠纷案件进行审理，在诉讼过程中经当事人申请可转为调解程序。只有在下列几种情况下，法院会强制性地审理劳动争议：第一，涉及有形财产被侵害的劳动争议。最明显的例子是劳资双方之间发生了劳动争议，劳动者占据着机器设备影响到资方的生产作业。此时，资方可以请求法院签发劳动禁止命令（labor injunction），禁止劳动者的占据行为，以使工厂尽快恢复生产。第二，涉及劳动者的言论自由被侵害的劳动争议。如果资方的行为侵犯了劳动者的言论自由，这种侵犯有证据证明并且会造成一定程度的社会影响，法院就可以主动介入案件当中，诉讼程序不需要当事人申请而自觉启动。第三，涉及劳动行为的程序是否正当的问题。程序正义的观念深深影响着美国的司法体

---

[1]　林晓云：《美国劳动雇佣法》，法律出版社 2007 年版，第 170 页。

制，在劳动争议处理过程中也不例外。如果资方的某一劳动行为是基于非正当程序做出的，那么法院就会基于自身的使命来监督这一行为。例如，在劳动争议中，当争议涉及工会会员被除名、解雇等问题的时候，法院负责检查监督这类问题程序合法与否[1]。

另一种解决方式是通过严格按照三方原则的形式组织构建的国家劳工局这一机构来处理劳资双方之间的争议。不过国家劳工局能够受理的案件范围比较狭窄，仅限于涉及违反公平劳动习惯引发的劳资纠纷，且国家劳工局在处理劳资纠纷的程序上也比较简单，其所作出的法律文书也不具有强制执行力，需要交由普通法院予以审查核准后才具有强制执行力。无论是当事人选择普通法院审理其权利纠纷案件还是选择由国家劳工局处理其权利纠纷案件，对于普通法院和国家劳工局作出的法律文书的裁判结果不能接受或不认可的，都可以向联邦巡回上诉法院提起上诉。

美国的劳动争议处理机制特点体现在以下几个方面。

第一，美国将劳动争议分为权利争议和利益争议，对不同的争议实施不同的案件处理程序。对于权利争议案件，提供了诉讼程序解决，也提供了非诉程序如调解、仲裁等争端解决程序。而对于利益争议，则不能够通过司法程序来解决。这实际上是基于美国的诉讼理念和专业划分理念。在他们的观念中，诉讼是当事人双方就如何适用法律发生了分歧，提请在法律专

---

[1] 吕荣海：《劳动法实用教程》，蔚理有限公司2003年版，第125—126页。

业方面更有权威的组织——法院来解决的过程。而利益争议则涉及双方当事人之间的利益划分，是发生在企业组织内部的一个涉及专业知识的问题，这种问题不应该提交到法庭由法官来作出决定，而是应该提交到有相关专业知识的人士手中，比如，更为资深的从业人士所组成的仲裁庭。

第二，美国劳动争议处理制度非常注重当事人的意愿，当事人拥有相当广泛的选择权。在美国的劳动争议处理机制中，当事人可以选择仲裁或者是诉讼，并没有固定的程序需要遵循。美国政府提供的争端解决程序也只是当事人的一个选择，并不是必然选项。如果当事人没有选择政府提供的程序，而是选择了其他社会组织提供的争端解决程序，这也是被认可的，同样具有法律效力。这种赋予当事人更大选择余地的制度，也是跟美国的观念密不可分的。美国更注重当事人的自由选择，相对忽视程序上的硬性统一规定。

第三，在美国劳动争议处理机制中，有不同的主体和程序，可以处理不同类型的劳动争议。可以说，在美国能够处理劳动争议的机构和人员多种多样，每一个都有自身的程序，可谓是五花八门。这实际上跟美国的历史也是一致的。作为一个移民国家，美国吸收了全世界各地的移民，也一并接收了全世界各地的文化。这就造成其文化更像是一个"大杂烩"，什么都有。体现在劳动争议处理机制上就是各种类型处理程序并存。这样固然有利于当事人选择更为适合自身的解决机制，同样也不可避免地存在着混乱、不统一，让当事人无从选择的问题。

第四，劳动争议诉讼同时可以在不同类型的法院审理，适用不同的司法程序。美国的劳动争议诉讼既可以去普通法院起诉，也可以去专门的劳动法院起诉。法院在审理案件的时候既可以适用普通法程序，也可以适用劳动法程序。甚至劳动行政部门也可以审理劳动争议，但其结果要得到法院认可才能够发挥法律效力。这一点也充分体现了美国尊重当事人意愿的价值取向。不是专门为劳动争议处理设置一个固定程序，而是让当事人可以自由选择争端解决方式。这样也有助于分担诉讼数量，提升司法效率。

第五，民间机构和政府机关在劳动争议处理机制中相互配合，各司其职。如前所述，美国的劳动争议争端处理机构花样繁多，工会、仲裁委员会、劳资调解委员会都可以处理劳动争议。这种设置有利于专业人士参与劳动争议处理过程，充分发挥其专业知识的特长，利用其对于劳动争议所涉及的专业知识的熟悉，做出更为公正的判断。但是这种民间人士的权威性和公正性也难免受到怀疑，这时候就需要政府出面，由特定的政府部门对这种劳动争议处理过程进行监督。进行监督的部门往往是法院，由法官对争议双方达成的协议进行审查，判断其合法与否，能否产生法律效力。有的时候也会是劳动监察部门，由他们对劳动者和用人单位之间达成的协议进行审查，判断其公正与否。社会人士进行的劳动争议解决程序和政府部门提供的监管措施相互配合、相辅相成，共同构成了美国劳动争议处理机制。

第六，劳动争议仲裁具有终局性，往往是一裁终局。仲裁作为一种类司法的争端解决方式，在美国具有很大的权威性。仲裁庭作出的裁决，往往被视为最终解决方案。如果一方当事人不服仲裁裁决，其可以就裁决与法律相抵触的内容提起诉讼。但除非其能够证明仲裁程序违法或者是仲裁员存在徇私舞弊的行为，否则法院一般不会推翻仲裁裁决。

三、德国

德国将劳动争议划分为围绕权利引发的争议和围绕利益引发的争议两类，划分为调解、仲裁和诉讼三种处理劳动争议的方式。围绕利益引发的劳动争议只能寻求通过调解和仲裁的方式进行解决，而不能通过诉讼启动司法途径解决。但德国仅有少数的劳动争议案件能够适用仲裁途径解决，即有团体仲裁条款和个别仲裁条款的案件，大多数的劳资纠纷案件都采用诉讼方式解决，因此，德国劳动争议处理机制的最大特点是德国依照完善的司法程序来处理劳动争议，通过司法程序来解决的劳动争议占有相当大的比例。

德国根据劳动争议案件的性质又进行了分类，分别设置劳动法院和社会法院，并制定了各自适用的《劳动法院法》和《社会法院法》。劳动法院处理具有私法属性的用人单位与劳动者除社会保障以外的权利义务争议，包括双方之间的利益争议，既可以受理个人劳动争议也可以受理集体劳动争议；社会法院专门处理具有公法属性的劳动者与用人单位之间社会保障、社会福利争议。

《劳动法院法》既是一部劳动法院组织法，又是一部审理劳动争议案件的程序法，它不仅规定了劳动法院的组织结构，而且还详细规定了劳动法院审理劳动争议案件的一些特别程序。根据《劳动法院法》的规定，劳动法院受理的劳动争议案件主要分为三类，包括个别劳动者与用人单位发生的劳动争议、劳动者因签订集体合同而引发的劳动争议以及涉及《企业章程法》的劳动争议案件。德国的劳动法院分为基层劳动法院、州劳动法院和联邦劳动法院三个级别。无论是处在哪个审级的劳动法院，都必须严格遵守三方原则，要采用由专业法官、雇主和名誉法官组成的合意审判组织对劳资纠纷案件进行处理。名誉法官参与是德国劳动法院在处理劳动争议时所具有的鲜明的特点。名誉法官一半来源于雇主，一半来源于雇员，名誉法官和职业法官一样拥有相同的权力，例如，在审理普通民事案件时，职业法官所具有的阅卷权、询问权和表决权等权力，名誉法官都一一具备。地方劳动法院的劳动争议审判庭由一名职业法官和两名名誉法官组成，州劳动法院的劳动争议审判庭也由一名职业法官和两名名誉法官组成，而联邦劳动法院的审判形式比较特殊，由审判委员会对劳动争议案件予以裁决，审判委员会由一名庭长、两名职业法官和两名名誉法官组成。三级法院中，地方劳动法院是审理劳动争议的第一级法院，对劳动争议案件的事实进行初审。地方劳动法院对受理案件的标的没有限制，所有劳动争议案件都可以接受并予以审理。不服地方劳动法院判决的劳资双方可以上诉至州劳动法院，州劳动法院对于上诉的劳动争议案件的案件事实进行重新审理。对于州劳动法院的判决结果仍不予接受的，可以再向联邦劳动法院也就是德国劳动法院的最高法院提出复审，但联邦劳动法院不再对案件事实进行重新审理，而是仅对州劳动法院在处理劳动争议时作出判决所依据的法条是否正当予以审查，目的是保持整个劳动法院系统判决和适用法律的统一性[1]。在德国，劳动争议案件的审理实行三审终审制。

在司法实践中，解决劳动争议一般是从调解开始的，调解是一审法院审理劳动争议案件的必经程序，一审中的每一个案件都必须经过庭内调解。调解需要劳方或资方的申请才能启动，另外一种启动方式是双方先进行与争议相关的谈判，若谈判不能达成合意，调解则自动启动。调解的初衷是让双方当事人参与到争议的处理过程当中，彼此沟通协调，有一定的责成之意。调解机构由发生劳资冲突的雇主协会代表和工会代表组成，双方同等人数，调解机构还设立一个处于中立地位的机构主席。该机构主席的设立必须征得劳动争议双方当事人的同意，机构主席的人选是从工会所列的名单或劳动部所提供的名单中选举，其助手也是从上述名单中选举而出。同企业内部的调解一样，调解委员会的调解也不具有约束力，要靠双方当事人的自觉履行。在劳资双方都能接受调解协议的前提下，该协议具有法律的约束力。如果调解并未达成一致的协议，双方就可以继续将劳动争议提交给州劳工部长设立的州委员会，州委

---

〔1〕　雷蒙德·瓦尔特曼：《德国劳动法》，沈建锋译，法律出版社 2017 年版，第631 页。

员会是执行委员会，州委员会的决定在双方同意接受时具有法律约束力[1]。

德国劳动争议处理制度的特点主要在于以下几个方面。

首先，德国工会组织发达，在劳动者保护方面表现活跃。德国工会在劳动争议处理机制中地位重要。当劳动争议发生后，工会组织会第一时间介入。他们会主动代表劳动者与用人单位展开谈判，促成协商。如果双方谈判不成，达不成一致协议，工会还会积极为工人提供法律服务，帮助工人进行劳动争议诉讼。德国工会组织的发达，与德国浓厚的团体意识、发达的社会法学观念都是分不开的，也与德国的制度支持是分不开的。德国对工人参与企业管理十分重视，专门规定在企业监事会的构成上，职工监事的人数至少要占到一半，以此保障工人对企业事务的充分参与。

其次，德国设立专门的劳动法院处理劳动争议案件，适用专门的劳动争议审判程序。德国作为古典哲学的重镇，在司法上也体现了大陆理性主义哲学的特点，注重分门别类，条分缕析。既然劳动争议案件被视为既不同于刑事案件也不同于民事案件的一类特殊案件，那么就为其专门设立一套审理机构和处理程序。而德国的劳动法院也不仅仅像其他国家一样只是司法机构，而是还具有了类似仲裁庭的特征。德国劳动法院的某些程序，具有了类似仲裁的特征。这也是为什么在德国的劳动争议处理程序中，仲裁地位不高、作用不大的原因。劳动法院基

---

〔1〕 刘亚妮：《国外劳动争议处理机制及评析》《求实》2006 年第 1 期，第 1 页。

本上可以视为法院和仲裁庭的合体，同时兼具了二者的职能，这就使得仲裁庭发挥的余地不大了。

最后，德国对劳动争议案件实施三级审理。按照《劳动法院法》，德国劳动法院体制上分成三个审级。这充分体现了德国对于劳动争议类案件的重视。无论是来自什么地方，发生于什么用人单位的劳动争议，最终都有到联邦法院审理的机会。这样可以有效地保证司法上的统一，避免出现同案不同判的现象。德国的名誉法官则类似助理审判员或者是专业人士，协助法官审理案件，提供专业上的意见帮助法官判断。不同的是，德国名誉法官权力更大，有权参与实质性判决的制作。

四、法国

运用诉讼程序解决劳动争议是法国的司法传统，这种解决劳动争议的方式是法国政府保护劳动者权益的重要手段之一。法国劳动争议的处理机构分为两个层次，这两个层次分别为设在企业内部的劳资协商机构和设在法院内部的专业法庭，专业法庭包括农业法庭和劳动法庭等。其中，农业法庭主要是处理农业方面的劳动争议案件，劳动法庭则是专门负责工业生产中的劳动争议案件。另外，法国还在最高法院内部设立专门负责处理劳动争议案件的法庭——社会庭。除此之外，一般都由劳动法庭来处理那些因违反劳动法律法规而引发的劳动争议[1]。

---

〔1〕 姜颖：《劳动争议处理教程》，法律出版社 2003 年版，第 231 页。

尽管通过司法程序来解决劳动争议是传统有效的纠纷解决机制，但是调解在劳动争议处理过程中仍然占据着十分重要的地位。劳动争议发生之后首先应由设立在企业内部的劳资协商机构进行调解，这种劳资协商机构类似中国的企业调解委员会。经过调解劳资双方仍不能就争议达成共识，双方才可以选择起诉。经一审判决之后，当事人仍有不服的，可逐级上诉，由上诉法院上诉至最高法院[1]。

法国按照劳动者人数将劳动争议划分为个人劳动争议和集体劳动争议，并为二者设计了不同的处理程序。对于个人劳动争议，往往是"只审不裁"。劳资争议委员会进行调解和裁判。劳资争议委员会是由最高行政法院设立的，分布在各个法院辖区内。"劳资调解委员会系经选举产生的、双方代表人数对等的法院机构，通过调解方式，解决雇主或其代表与其雇用的授薪雇员之间因受本法典约束而产生的分歧。劳资争议委员会对调解不成的分歧做出判决"[2]。对劳资争议委员会判决不服的，可以继续上诉至高等法院和最高法院的社会法庭。

法国对集体劳动争议的处理程序可以概括为"只裁不审"。首先，自愿协商是集体劳动争议发生时劳资双方自愿采取的解决方式，若双方不同意协商或者协商不成时则依据其他法定程序处理。其次，集体劳动争议必须进行调解，也就是说调解是强制程序，《法国劳动法典》规定："任何情况下只要发生集体

---

〔1〕《法国劳动法典》，罗结珍译，国际文化出版公司1996年版，第360页。
〔2〕《法国劳动法典》，罗结珍译，国际文化出版公司1996年版，第360页。

劳动争议，特别是涉及签订、修改或续订集体劳动协议或协定方面的争议，应一律采取调解程序"。调解程序中的调解员可以由劳资双方协商确定，若不能解决该集体劳动争议，则应在一个月内向地区或者全国调解委员会提交该集体争议。调解不能解决该争议时，达成仲裁协议的当事人可以递交仲裁，未达成仲裁协议的当事人可以提交调停。再次，法国仅在集体劳动争议的解决中适用劳动仲裁制度，个人劳动争议则不能适用仲裁程序，仲裁完全依据自愿原则，当集体协议中或争议发生后劳资双方就仲裁达成一致约定的，可将该集体争议递交仲裁，在集体劳动协议没有约定的情形下，经劳动争议双方当事人的协商之后，仍然可以将有关调解或调停的争议问题交由仲裁程序处理。仲裁机关作出的裁决具有法律约束力，通常情况下不可上诉，但在仲裁裁决越权或违反法律时例外。最后，法国劳动法将调停作为处理集体劳动争议中调解程序外的一项补充，管理劳动事务的部长可依职权或者依当事人申请开始调停，调停员负责劝解劳资双方并且做出权威性调停建议，在劳资双方收到调停建议八天以后未提出反对意见的，该调停建议即对劳资双方产生与调解协议相同的拘束力。

法国劳动争议处理制度的特点主要在于以下几个方面。

首先，在劳动争议处理中，行政部门享有更大的主导权。在法国政治传统中，行政部门相较立法部门和司法部门，往往享有更大的权力，这一点也体现在劳动争议处理方面。劳动行政部门主导了劳动争议的调解工作，而且有权给出最终解决方案。这充分彰显了法国劳动争议处理机制中浓厚的行政色彩。

其次，法国劳动争议处理十分重视调解。这一点是与行政部门主导劳动争议处理过程分不开的。正是因为行政部门主导，能够充分体现行政部门主导地位的调解变得十分重要。在劳动争议解决过程中，无论是个人劳动争议还是集体劳动争议，调解都是一个必备程序。

最后，注重司法效率提升。法国为了提升劳动争议处理效率，特别引入了小额争议特别诉讼程序。对于案件标的数额不大的诉讼适用特别程序，能够更高效率地结案，以提升解决劳动争议的司法效率。

五、日本

日本按照劳动争议人数将劳动争议划分为个人劳动争议和集体劳动争议。一开始日本的劳资纠纷以集体劳动争议居多数，个人劳动争议则居于少数。自从 20 世纪 90 年代泡沫经济崩溃之后，日本的工业社会个人劳动争议急剧增加。为了应付这样的劳资争议结构的变化，日本在借鉴欧美发达国家经验的基础之上，对"二战"后建立起来的劳动争议处理制度进行改革，分别于 2001 年 7 月和 2004 年 5 月通过《促进个别劳动争议解决法》和《劳动审判法》。《促进个别劳动争议解决法》的颁布和实施为缓解劳动行政部门的压力，平衡其权限起了重要的作用。《劳动审判法》主要是通过规定劳动审判程序来解决个别劳动争议，其确立的劳动审判制度是一种准司法手段，虽然从名称上看是一种审判制度，但实质上仍然具有行政性质，所以还可称为准行政手段。这两部法律为构建日本个别劳动争议处理机制的法律框架奠定了法律基础。对于集体劳动争议案件，专门设立劳动委员会，通过斡旋、调解和仲裁方式予以处理。对于个别劳动争议，在争议发生后当事人双方具有选择权，既可以选择先由设立在全国的劳动审判委员会进行审理，也可以径行提起诉讼。劳动审判委员会的组成与我国的劳动争议仲裁委员会类似，由法官、工会代表、用人单位代表遵循三方原则组成。当事人双方可在其判决作出后两周内提出书面反对意见，意见提出后案件自动转入诉讼程序[1]。

日本劳动争议处理机制是以诉讼和诉讼外以行政程序为主导的外部纠纷解决机制相结合的争议处理机制，以行政程序为主要纠纷解决机制，以诉讼作为最后保障。日本不仅建立了以法院为主的诉讼机制，还建立了多种多样的以行政程序为主导的诉讼外解决争议机制，如劳动委员会、都道府县劳动局和劳动基准监督机关[2]。当劳资双方发生纠纷时，劳资双方既可以选择采取司法途径解决争议，也可以采取以行政程序为主的外部纠纷解决机制，但无论选择何种纠纷解决机制，都需建立在双方共同自愿的原则上。在日本，对于案件标的数额小、难度不大的简单劳资纠纷案件，通常是由以

---

〔1〕　陈玉萍：《日本个别劳动争议处理制度研究》，《中国劳动关系学院学报》2008 年第 4 期，第 86 页。

〔2〕　贺佳莹：《浅谈日本劳动争议处理制度对我国的启示》，《理论前沿》2013第 10 期，第 62 页。

行政程序为主导的外部纠纷解决机制处理的。以行政程序为主导的外部纠纷解决机制不仅具备高效、快捷的优势，更重要的是行政机构都是免费提供行政服务的，选择以行政程序为主导的外部纠纷解决机制来解决争议是成本最低的方式，相比需要收费的仲裁机构和法院处理途径，无疑是最划算也是普通民众更乐意选择的方式。而对于案件标的数额大、处理起来稍有难度和复杂的劳资纠纷案件，通常是向劳动局或者劳动委员会申请斡旋，由劳动局或者劳动委员会提出斡旋方案，但劳动局或者劳动委员会给出斡旋方案没有强制性，劳资双方无须强制执行，可以选择不予接受[1]。只有针对劳资双方矛盾较大、案情十分复杂或处理起来难度较大的劳资纠纷，劳资双方才会向法院提起诉讼。

日本的劳动争议处理机构中并没有设置劳动法院，只是在几个比较大的地方法院中设立了劳工法庭，可见劳工法庭的设立并不具有普遍性，只有比较大的法院才有权设立，并且在日本不存在专业的劳动法官，即使是在劳工法庭，法官们也有可能被调换至其他法院或者法庭工作[2]。日本法院对于劳动争议的问题予以广泛的介入，例如，劳方可以提起确认解雇无效之诉，确认解雇权不存在之诉，给付解雇预告期间之工资、附加之诉，请求退休金、请求确认有薪之休假、职业灾害遗族请

---

〔1〕 张静：《国外劳动争议处理的基本模式及对我国的启示》，《哈尔滨师范大学社会科学学报》2013 第 6 期，第 34 页。

〔2〕 黄越钦：《劳动法新论》，翰芦图书出版有限责任公司 2002 年版，第 473 页。

求补偿金之诉，确认工会除名无效之诉等[1]。

日本的个别劳动争议处理机制具有如下特点。一是通过发挥劳动行政部门的咨询功能，实现对劳动争议的事先预防。咨询中心通过对劳动争议相关的法律法规的细致解释、对与争议相似的案例的引证分析以及对存在违法行为的雇主或雇员提出建议或者批评等及时沟通的方式，在争议发生的萌芽阶段就将问题予以解决。二是充分发挥调解在劳动争议处理过程中的重要作用，由劳动部门组成的争议调整委员会的调解行为贯穿于劳动争议发生直至争议进入劳动审判程序后的各个阶段。调解委员会是一个由三人成员组成的机构，调解委员会的成员多是由律师、大学教授以及处理劳资争议的专家组成。在整个劳动争议的调解过程中，劳动行政部门的人员以及调解委员会的律师和专家都会向双方当事人介绍类似劳动争议案件的处理结果。概括地讲，劳动行政部门提供咨询，劳动局长提供指导建议并组成劳动争议调解委员会来调解劳动纠纷是日本政府解决劳动争议所采用的主要手段和方法。大多数劳动争议案件在政府提供咨询或经过劳动局长的指导及调解，就能够得到解决，不需要再进入司法程序。调解劳动纠纷在避免矛盾激化升级、维护劳动关系稳定等方面发挥了重要作用。三是强调劳动审判制度的准司法作用，推进案件审判与司法诉讼的衔接。虽然日本的劳动审判程序属于非诉讼程序，但如果当事人提出的针对劳动审判程序所作判决的异议成立，该劳动审判判决将失效并

---

[1] 吕荣海：《劳动法实用教程》，蔚理有限公司 2003 年版，第 126 页。

转入民事诉讼程序，因而劳动审判制度的准司法作用及其与诉讼制度的良好衔接对日本劳动争议的解决发挥了不可小觑的作用[1]。

在日本，还有一种处理劳资纠纷的特别程序——紧急调停程序。紧急调停程序是指如果劳资双方的争议涉及公用事业，比如，通信、交通等，劳资双方的行为本身可能会对公用事业产生干扰或者破坏，在任何一方决定实施有争议的行为之前，必须要在法定的时间内提前将行为告知劳动行政部门的官员。如果劳动行政部门经过充分讨论后认为该行为可能会对公用事业产生不必要的干扰或者破坏，甚至在一定程度上可能会使该公用事业停产、停运，从而最终影响到国计民生，劳动行政部门有权做出一个禁止实施该行为的决定，这个决定就叫作紧急调停决定，在该决定发布的法定期限内，任何单位、组织和个人都不得实施该禁止行为。

第二节　西方国家经验的启示

通过对上述国家劳动争议处理制度进行详细介绍，可以看到，由于各国历史状况、社会背景、司法体系的不同，均产生了自己独有的劳动争议案件处理方式。因此，我们也需要结合

---

[1] 陈玉萍：《对完善我国劳动争议处理制度的思考》，《中国劳动保障》2009年第8期，第93页。

我国国情加以借鉴。

一、对劳动争议进行分类处理

国外在劳动争议处理立法上根据劳动争议的主体、内容和性质等因素的不同将劳动争议分为不同的种类，按照不同的程序来处理。如美国和德国都将劳动争议划分为围绕权利引发的争议和围绕利益引发的争议，英法和日本则是以个别劳动争议与集体劳动争议分类为基础来解决劳动争议。权利争议和利益争议主要是按照争议性质进行的划分，而个别争议和集体争议主要是按照争议的主体，尤其是主体数量进行的划分。但是仔细考察两种分类，会发现它们实际上有相通之处。集体争议更加类似于利益争议，往往涉及集体合同，涉及劳动者和用人单位之间的利益划分问题，而较少地涉及违法问题。而个人争议或者说个别争议，会更多地涉及是否违反现行劳动法律的问题，与权利争议有更多的相似之处。在处理上各国做法也是类似的，对于集体争议或者说利益争议，往往是以当事方自行协商为主，政府主要起促进协商、调解的作用。而对于个别争议或者说权利争议，行政部门和司法部门都会介入，提供一系列程序予以解决。

对劳动争议进行分类处理，不仅具有学术上的价值，更能在实践中发挥其积极作用，无论是将劳动争议按照哪一种标准进行划分，都可以将劳动争议进行有效的分流，不同的纠纷按照不同的方式处理。对劳资双方而言，可以提高解决劳动争议的效率，使劳资双方尽快解决争议，恢复正常生产和生活；对司法部门而言，可以使司法部门解决劳动争议时具有针对性，避免司法资源的浪费；对整个社会而言，能尽快平息纠纷、解决矛盾，回归正常的社会秩序，实现经济稳定健康地发展。

二、根据需要设置多类型的处理机构

多个国家将劳动争议的处理方式分为诉与非诉两个方面，劳资双方自行协商、社会组织调解、仲裁和诉讼都可以作为解决纠纷的可供选择方式，诉与非诉两种方式都设置了专业机构，由专业人员进行处理。比如，德国建立了处理劳动争议的专门机构——劳动法院；美国建立了官方和民间两种性质的仲裁机构如典型的民间仲裁机构——美国仲裁协会；日本建立了以行政程序为主导的诉讼外解决争议机制，如劳动委员会、都道府县劳动局和劳动基准监督机关。综观国外处理劳资纠纷的机构设置，建立专门的诉讼机构和外部纠纷解决机构是必然发展趋势。因此，我国也可以尝试建立专门劳动争议审判机构，如在人民法院内部设立专门的劳动法庭，让法官从庞杂的侵权、合同、婚姻家事等案件中脱身出来，投入更多精力专门审理劳动纠纷，既能提高案件的处理效率，又有利于法官积累专业经验。此外，也可以尝试建立除仲裁机构以外的其他外部争议处理方式和争议处理机构，提高争议解决效率，减轻司法负担，维护社会稳定。

三、在处理过程中贯彻三方参与原则

劳动争议的双方当事人一般都是劳动者和用人单位。在世界各国处理劳动争议的过程中，都会注重让双方当事人参与到处理过程中来。或者是让双方当事人直接谈判，或者是让双方当事人参与到争议解决过程。但是，由于双方立场是对立的，利益是冲突的，双方直接参与也有可能演变成更为激烈的对抗。为了避免冲突烈度过大，需要一个中立第三方参与，这就是国家。国家作为中立第三方参与到争议解决过程中来，协调双方之间的利益冲突，对事实的合法性做出评价，给出一个最终的解决方案。因此，世界各国劳动争议处理机制都呈现出三方参与的色彩，国家或者说政府、劳动者和用人单位构成了劳动争议参与的三方，也成为劳动争议处理需要遵循的原则。

四、重视调解

对调解工作或类似调解工作的重视也是世界各国劳动争议处理机制的一个共同特点。无论是英美法系国家如英国、美国，还是大陆法系国家如法国、德国，又或者是两种法系特征兼具的国家如日本，调解都是劳动争议处理机制中必不可少的一环。一些国家直接把调解设置为劳动争议诉讼的前置程序，另一些国家虽然没有这样设定，但在实践中也充分发挥着调解的作用。

调解之所以能够如此受到重视，自然与其所具备的职能密不可分。调解不同于协商，在调解过程中有国家力量充分的参与。调解也不同于仲裁或者诉讼，没有太固定的程序和昂贵的时间、金钱成本，当事人享有很大的灵活度。这样，调解就被视为一个能够更充分地体现三方原则的劳动争议处理程序。

世界各国除了重视在劳动争议处理程序中运用更多的调解手段之外，还提升了调解协议的法律效力。调解协议不再被视为双方达成的临时协议，其发挥效力与否完全取决于双方当事人的意愿，随时都有可能发生变更，而是有了更高的法律效力。在特定情形下，调解协议可以直接进入诉讼环节，由法院赋予其国家意志的认可，产生法律效力。

五、仲裁地位提升

仲裁作为一种准司法程序，在劳动争议处理机制中一直发挥着重要作用。从世界各国劳动争议处理实际情况来看，仲裁这一程序越来越受到重视。一些国家之前对适用仲裁的程序有所限制，仅仅容许集体劳动争议适用仲裁。现在其也放宽了限制，个人劳动争议也可以提请仲裁。同时，仲裁的裁决效力也在不断提升，从诉讼的附属逐渐变为并驾齐驱的趋势。仲裁裁决不再依赖于法院的认可才能够发挥效力，而是可以直接生效。越来越多的案件中，仲裁裁决可以作为最终的裁决一锤定音，案件不再进入诉讼程序。

这些变化一方面是因为仲裁庭的组成越来越规范，仲裁员的挑选更加公开透明，仲裁员的素质也在不断提升。同时，在一些涉及专业知识的行业领域，有着相关从业经验的仲裁员往往具备更好的判断能力和更大的权威性。仲裁裁决的科学性、合理性不断增强。另一方面也是因为劳动争议数量逐渐增加，诉讼负担较重。为了减轻诉累，国家不得不赋予非诉讼争议解决途径更大的权威性和更高的法律效力，以减少进入诉讼途径的争议案件数量。在这一趋势下，"或裁或审"逐渐成为各国劳动争议处理领域的一个原则。

世界各国解决劳动纠纷的裁审模式各不相同，各具特色，但都无一例外的符合本国的社会发展水平和本国的基本国情。法国根据不同类型的案件采用"只裁不审"或"只审不裁"的模式，充分考虑案件的特殊性，大大提高了案件处理效率，也符合不同群体的实际需求。我国在设计独有的劳动争议处理机制时则可以借鉴世界各国的一些普遍性的趋势，有针对性地设计适合不同类型案件或者不同群体的实际状况的裁审模式，既能兼顾到当前劳动争议领域案件特点，又具有一定的前瞻性，适合未来一段时期内劳动争议处理机制可能发生的变化。

第四章
劳动争议处理制度的完善路径

第一节　劳动争议协商制度的完善

完善劳动争议协商制度，就要从协商制度存在的缺陷着手，从制度上解决问题，促进协商制度在现实的劳动争议解决中发挥更大的作用。具体来说，要在协商中充分发挥工会、企业劳动争议调解委员会的作用，增强协商协议的效力。

一、工会参与协商的完善

第一，要对工会职能有更深刻的认识，准确定位工会。工会是我国重要的群众组织，是广大劳动者维护自身权益的重要组织，要善于运用马克思主义的辩证法来看待工会职能，找准自身定位。中华全国总工会主席王东明指出，"代表和维护职工群众利益、竭诚为职工群众服务是工会一切工作的出发点和落脚点，维护职工合法权益、竭诚服务职工群众是工会的基本职责，是工会落实以人民为中心的发展思想、践行全心全意为人民服务根本宗旨的必然要求，更是工会安身立命之本"[1]。这段话精确地描绘了新时代工会应具有的能力和应履行的职责。工会是维护工人阶级利益的自治组织，如果丢掉了这一基本定位，工会就没有必要存在了。当然，工会维护工人利益、维护劳动者利益也不是无限制的，这个限制的边界就是法律，工会只能在法律的范围内维护劳动者的权益。这就是工会职能的辩证法，只讲维权不讲合法，或者只讲合法不讲维权，都是不对的。

王东明还具体阐释了工会在社会主义新时代在维权方面的工作准则。"工会必须坚持以职工为中心的工作导向，把维权服务工作放到促进共同富裕的大局中去思考和谋划，找准定位、发挥优势，做好新就业形态劳动者等重点权益维护工作，不断提升职工生活品质。认真贯彻总体国家安全观，坚持维权维稳相统一，在加强思想引领、健全源头参与、强化维权服务、深化民主管理、完善协商机制、化解矛盾风险中构建和谐劳动关系"[2]。因此，工会为工人维权，保护劳动者权益不是给企业"找事情"，恰恰相反，这样做正是为了企业的长远发展，为了达到企业和工人共赢的结果。我国是社会主义国家，在我国境内进行活动的企业必须遵守这个大的政治前提，必须坚持社会主义市场经济原则，不能唯利是图，更不能恶意损害

---

〔1〕 王东明：《团结动员亿万职工奋进新时代建功新征程》，《求是》2022 年第 2 期，第 13 页。

〔2〕 王东明：《团结动员亿万职工奋进新时代建功新征程》，《求是》2022 年第 2 期，第 13 页。

劳动者合法权益，否则企业必然不能长久。工会的维权活动，恰恰提醒了企业这一点，长远来看，对企业是有利的。当然，维权也是有方向有目标的，这个目标，就是共同富裕。因此，维权的目的，不是把企业整垮，而是让企业变好，让企业和劳动者之间构建一个和谐共生的劳动关系，共享经济发展、企业发展的收益，促进共同富裕的实现。工会维护劳动者权益还需要有政治意识，有国家安全意识。要注意在维权过程中纾解工人情绪、引导理性行动，避免社会不稳定局面的出现。所以，工会应积极在协商过程中发挥作用，以构建和谐共生的劳动关系为原则，促进企业和劳动者之间达成共识。

第二，要加强工会特别是基层工会组织建设。第一位的是要加强工会组织建设，确保劳动者在发生劳动争议的时候能想到工会，能找到工会。一般来说，机关事业单位和公有制企业中工会组织相对较为健全，非公有制企业中工会组织健全程度较差。很多小微企业劳动者数量较少或者经营规模较小，一时也不具备建立工会组织的条件。这就需要按照实际情况，分门别类地进行建设。对已经建立起工会组织的，要进一步健全，防止以机构改革为借口削减工会组织或者将其合并到党群机关的行为。对于未建立工会组织的大中型企业，要积极推动建立工会组织或者建立联合工会组织。对于不具备条件的小微企业，要推动在乡镇级区域建立总的工会组织，在县级区域建立行业工会组织。这些企业的劳动者可以加入这些工会组织中去，让全体劳动者都能够找得到工会组织，有工会组织可以依靠。

有了工会组织，还需要在经费上予以保障。经费上的保障，财政拨款是很重要的一部分。除此之外，也需要重视工会会员交费。要积极推动税务部门全额代征工会经费，通过制度性的手段保障工会会费，防止工会经费，尤其是企业工会经费完全受制于企业的情况。工会也要积极争取不同渠道的经费来源，争取政府财政补助、活动经费或者专项经费。上级工会要重视保障基层工会经费，通过转移支付、项目化管理等方式，实现工会经费保障主要向基层倾斜的目标。

工会人员组成上要充分重视职工的民主参与。工会组成人员一定要充分听取职工的意见，充分反映职工的意愿。要在坚持党的领导的前提下，坚持上级工会组织主导，充分发扬民主，扎实推进工会干部的直选工作，由基层劳动者直接选举工会主席、副主席等各级干部。同时，要善于运用社会化方式，利用市场化机制，扩大选人用人范围，灵活运用聘用、兼职等形式积极吸收有能力的人成为社会化工会工作者。

第三，要加强工会参与协商的制度建设。要进一步细化企业协商制度，制定细则，对协商过程做出更为详尽的规定，让工会参与劳动争议协商更加有法可依。比如，对工会代表能否代理劳动者参与协商过程，代理范围是多大，能否全权代表劳动者做出决定等。这样工会参与劳动争议协商就会有制度上的坚定支持，就不会师出无名。企业工会也要积极参与劳动争议协商过程，在实践中不断积累经验。制度的完善不是一夕之功，需要参与制度的每一个主体的努力。工会还应推动企业内部协商规则的建立和完善。每一个企业情况各不相同，要有总体上的、全国性或者地区性的协商制度，也应该有根据更为具体的情况制定的、更符合实际情况的协商规则。工会应根据参与劳动争议协商的经验推动这种规则的制定。

第四，要改进工作作风。充分发挥工会在劳动争议协商中的作用，工会干部是关键。再好的制度也依赖人的执行，工会干部作为参与劳动争议协商的执行者，要打造过硬的自身素质，培养良好的工作作风，才能够胜任。工会干部要认真践行党的群众路线，健全联系基层的长效机制，坚持到基层去，到一线去，到劳动者中间去。要走出高楼大院，走到车间地头，认真倾听劳动者所思所想、所求所盼，努力为劳动者解决实际问题，让劳动者能感觉到工会的关怀，感觉到组织的温暖，他们才会遇到困难想着工会，解决难题依靠工会。工会在劳动者心目中才有权威，才有地位，才能够完成党所赋予的代表和维护职工群众利益，竭诚为职工群众服务的职责。

二、企业劳动争议调解委员会参与协商制度

企业劳动争议调解委员会的设置并不是仅仅用于劳动争议调解，也可以促成劳动者与用人单位之间的协商。劳动者与用人单位之间有一定的从属性，双方实际经济地位不平等，这是一个事实问题。我们不可能通过立法改变这一事实，只能尽量从制度上加以平衡，劳动争议调解委员会就可以成为一支平衡的力量。对于一些争议不大、双方权利义务关系比较清晰的劳动争议，调解委员会可以充分利用熟悉争

议双方的地位，为双方主要是为劳动者解疑释惑，促进双方协商解决纠纷。

要充分发挥企业劳动争议调解委员会在解决劳动争议中的作用，就需要对其做出一定的变革。

首先，要促使企业成立一个科学有效的劳动争议调解委员会。制定关于劳动争议调解委员会的组织章程，明确调解委员会的组成，其中的调解员的资质、人数，调解的工作流程、工作规范等，让调解委员会的成立有章程可依。

其次，要考虑提升企业组建调解委员会的积极性。这一点上可以从增加激励措施和增加惩罚措施两方面来考虑。一方面是增加激励措施。比如，为了减少企业组建调解委员会的成本负担问题，政府可以考虑提供一定的补贴或者是便利措施。企业不愿意组建劳动争议调解委员会的原因之一就是因为企业需要负担这个委员会的人员、场地、活动经费成本。对于任何一个市场经济主体来说，成本因素无疑有着很重要的影响。可以考虑由当地政府人社部门拨付一定的财政补贴经费，用于企业劳动争议调解委员会的建设。对于一些规模较小的企业，可以联合成立调解委员会，以分摊成本。调解委员会的设置可以与企业工会结合起来，进一步地节省成本。人社部门还可以考虑利用政府购买服务的形势聘用一些专职调解员。劳动争议调解也是一个专门领域的工作，企业员工如果不经过这方面的专门培训，往往难以胜任。因此，政府部门也可以考虑通过聘用的形式与一些专职调解员签约，在企业发生劳动争议的时候由他们参与到调解委员会中，负责组织调解、掌握调解规范和调解流程以及其他的调解工作。另外，政府部门也可以对没有设置劳动争议调解委员会的企业采取一定的惩戒措施，对其加以训诫，督促尽快成立调解委员会。还可以建立"黑名单"，将劳动争议发生数量较多，且拒不建立或者拖延建立劳动争议调解委员会的企业，列入该名单并向社会公布，增加其舆论压力。

最后，劳动争议调解也是一项有一定专门色彩的工作，需要一定的专业知识和实践经验。可以考虑建立调解员职业等级认证制度。这种职业认证在其他国家也是比较普遍的现象。比如，罗马尼亚就规定，劳动争议的调解员应具备三年以上工作经验、大学学位并且完成相应的培训要求[1]。当然，在调解员的职业认证中，经验是最重要的因素。实践表明，调解员调解成功的概率往往和他过往调解案件的数量有关，而不是和他的学历有关[2]。因此，对于调解员来说，可以比照飞行员认定标准，按照他所处理过的案件数量作为确定职业等级的主要参考。同时，调解员还应该区分专职和兼职两种。由于企业劳动争议调解委员会设置在企业内部，这就意味着很多调解员都是企业员工，是企业的一分子，调解工作只不过是他们的一份兼职。而且，企业内部员工参与调解也有助于提升调解委员会

---

〔1〕 De Palo G，Trevor M B. In Romania，It's about Developing A More Constructive Mediation Practice That Works Throughout the society〔J〕. Alternatives to the High Cost of Litigation，2010（28）：179.

〔2〕 Lohmar T，Gryte H，Markel A. A survey of domestic mediator qualifications and suggestions for a uniform paradigm〔J〕. Journal of Dispute Resolution，2008（02）：220.

对劳动争议案件的熟悉程度，提升调解成功率。这样一来，在兼职调解员的职业认定标准上，就需要跟专职调解员有一定区别。可以考虑对专职调解员要求学历、调解案件数量和专门的培训时长。而对兼职调解员，只要求专门的培训时长即可。而且在培训时长要求上，兼职调解员要低于专职调解员。调解员还应该享有一定的补贴，由政府支付。补贴应当根据调解案件数量和案件调节效果不同而有所不同。

三、加强和解协议的法律效力

和解协议作为双方当事人协商成果，应具有一定的强制约束力，才能够增强双方协商意愿，避免当事人假借协商为借口拖延履行义务，减少劳动者和用人单位用于解决劳动争议的时间成本。但是一味增加和解协议的法律效力，又与和解协议本身所具有的灵活性相冲突，也有可能降低当事人选择和解途径的意愿。所以，应该在和解协议上加上一定的程序限制，由当事人进行选择。当事人选择之后，就需要受到相应的法律限制。

可以制定关于和解协议的标准文本，涵盖和解协议应包括的基本内容和建议增加的补充内容。劳动者和用人单位达成协议后，可以选择送到劳动仲裁委员会审查和备案。经审查没有违法情形、符合形式要件的，应当予以备案。经备案的和解协议具有强制约束力，当事人一方可以向法院申请强制执行，另一方当事人必须履行协议。除非其能提供证据证明在协议签订过程中有强制、胁迫等违背当事人意愿的情形存在，或者是协议签订之后发生了重大的情势变更，导致协议无法履行或者无法完全履行。这样就能够既发挥和解协议的灵活性，也使得和解协议不再是没有法律保障的一纸空文，而是有一定约束力的法律文书。

第二节　劳动争议调解制度的完善

劳动关系不同于普通的民事关系，劳动者在劳动场所工作，接受用人单位管理，双方长年累月接触，有稳定的人际关系。劳动争议发生后，双方既希望能够解决争议，也有意愿继续维持劳动关系。因此，劳动法律也重视维护劳动关系的长期性和稳定性。这样，既不用上法庭对簿公堂，又能够接受专业意见化解纠纷的劳动争议调解就大有用武之地。同时，劳动关系往往牵涉面广泛，处理不当就有可能演变成社会不稳定因素。诉讼处理方式对抗性强，而调解方式对抗性弱，相较之下调解方式更容易通过协调各方达成一致，避免过于激烈的对抗，从而激化社会矛盾。这也符合国际社会运用非诉手段处理劳动争议的趋势[1]。因此，我们应当积极完善劳动争议调解制度，充分运用这种手段解决劳动争议，避免过多劳动争议进

---

〔1〕　范愉：《非诉讼程序（ADR）教程》，中国人民大学出版社2002年版，第71页。

入诉讼程序，加大司法机构负担。

一、设立统一调解机构

在我国现行劳动争议调解制度规定中，能够进行劳动争议调解的机构比较多，包括企业劳动争议调解委员会，基层人民调解委员会，乡镇、街道设立的有调解职能的组织等，彼此之间的关系并不明确。立法者的初衷应该是尽可能多地设置一些劳动调解组织，让劳动者选择更为丰富，能够有更多的途径申请劳动争议调解。然而在实践中的效果却并不尽如人意。过多的调解机构反而让劳动者无所适从，不知道该向哪一个机构申请调解。实际上，对于缺乏专业法律知识的普通劳动者而言，无论哪一个调解机构主持调解对他们来说都区别不大。正因为如此，他们的选择就变得更加困难。同时，劳动争议专业性强，与社会稳定关系密切，这也容易造成调解机构之间彼此推诿，都不愿意进行调解，过多的调节机构的设置反而成了调解程序的堵点之一。因此，有必要吸取实践中的经验，设置一个统一的劳动争议调解机构，能够让劳动者明确劳动争议调解的具体途径是什么，同时有效地避免多个机构之间相互推诿的问题。由一个机构集中主持劳动争议调解问题，还有利于提升调解人员的熟练度，提高他们的专业程度，避免因为调解机构业务范围宽，什么都调解导致的专业技能不足问题。也能避免因为调解机构众多导致的调解标准不一致的问题。

二、调解机构的设置应由政府主导

综观各国劳动争议调解机构的设置，既有政府主导设立的，也有主要依靠民间组织的。但总体的趋势是政府主导越来越占据更明显的地位。具体到我国而言，应充分考虑到我国国情。我国还有很多地方并不发达，缺乏足够多的专业法律人才，民间组织不充分，数量较少，也缺乏足够多的组织管理人才。同时，在人们的观念中有政府背景的调解组织更具有权威性，劳动者往往更倾向于由政府出面进行调解。而且选择调解组织这种行为，对于争议双方，尤其是对于劳动者的素质要求是比较高的。这种选择要求劳动者有较高的识别能力和参与解决纠纷能力，当前这个阶段我国还有很大一部分劳动者不具备这种素质。因此，现阶段劳动争议调解机构的设立，还是应该以政府主导为主。由政府组织设立调解组织或者制定相关的组织章程规范，引导调解组织的建立。考虑到我国一些地区已经比较发达，有足够多的人才储备和社会组织发展基础，同时也考虑到给更多的人才提供锻炼舞台和发挥空间，给劳动者和用人单位更多的选择余地，应允许自行设立调解组织。这样设置的话，在全国都有政府主导设立的劳动争议调解组织，劳动者和用人单位可以直接去该组织申请劳动争议调解，不用担心找不到调解组织或者调解组织相互推诿的问题。而在有民间调解组织存在的地区，劳动者和用人单位还可以根据需要选择其他劳动争议调解组织，比如，根据行业细分的调解组织，或者是有其他制度创新的调解组织等。劳动者和用人单位的选择空间更大。

三、调解机构的组成应体现三方性

调解机构的组成要充分体现三方性原则，也就是劳动者和用人单位双方都有自己的代表，同时调解机构中还要有一个中立立场的代表。当前劳动争议调解仲裁法中对调解机构规定存在的一个问题就是"伪三方性"问题。正如学者指出的那样，"针对《劳动法》规定的不足，《劳动争议调解仲裁法》试图予以完善，规定企业劳动争议调解委员会由企业代表和职工代表组成，然而最终也未能建立企业劳动争议调解制度的三方性原则，仅使《劳动法》规定的假三方性原则变为只有劳资双方的协商制度"[1]。

要解决这个问题，就不能只把目光局限在企业内部。因为企业内部只有管理者和劳动者双方，没有一个所谓的中立方。而且正如上文所指出的那样，企业内部设立的机构在人、财、物上均受制于企业，难以避免地会受到企业影响。因此，只考虑企业内部的话，调解委员会的设置问题几乎可以说是无解的。必须要把中立性的代表——政府或者社会的因素添加进来。政府是中立性的最佳代表，在我国社会中有着当然的权威

---

[1] 李雄：《我国劳动争议调解制度的理性检讨与改革前瞻》，《中国法学》2013年第 4 期，第 158 页。

性。因此，劳动争议调解机构的设置，要包括三方代表：职工代表、企业代表、政府或者社会代表。社会代表出现在民间调解组织中，根据各个调解组织的设置各有不同。政府主导设立的调解组织中，中立代表应由劳动行政部门指定，一般在劳动行政部门、司法部门选择在职或者退休人员，也可以从高等院校或者法律服务机构选择，建立相应的专家库。职工代表自然是从工会组织中产生，企业代表一般从当地行业组织中产生，如果没有相应行业组织，也可以从工商联中产生。在进行调解的时候，劳动者和用人单位可以各自选择己方代表，然后由两个代表共同选择一个中立代表。双方不能达成一致意见的，由调解机构指定。中立代表是调解程序的主持者，由他来主导调解进程。在企业代表和职工代表意见不一致的时候，由中立代表决定案件的最终处理意见。

四、调解机构应适当收取费用

劳动争议调解现阶段是免费的，但这一做法未必合适，不如参照诉讼标准收取一定费用。收取费用不是为了弥补劳动争议调解机构的收入问题。实际上，这类机构更多的还是依赖于财政补贴运营，不可能依靠收取调解费用独立生存。民间调解机构也是一样，必须注册为非营利机构。如果允许这种组织设置为营利机构，很有可能产生嫌贫爱富的后果，调解组织只愿意为那些有利润的案件提供调解服务，甚至为了赚取调解费而采用诱骗手段与用人单位串通损害劳动者权益。收费的目的是提醒劳动争议双方，主要是提醒劳动者，调解是由特定机构进行的解决劳动争议的法定程序，是一项严肃的解决争议的活动，要认真对待这个程序。不能够滥用调解权，也不能够任意否定调解协议的法律效力。在调解中不能任意开口，搞漫天要价那一套。

收费也是与国际劳动争议调解发展的趋势相一致的。劳动调解中收取费用，更多的还是出于防止滥用诉权的目的。因此，费用的收取要充分考虑到这一目的，不能够过高以至于形成事实门槛，把当事人尤其是劳动者排除在调解程序之外，使调解程序失去了其设置的意义。应当考虑到我国国情和当地实际收入水平，参考当地最低诉讼费用来确定，并根据实践中的情况进行动态调整。确保费用的收取既不至于过高以至于妨碍调解程序的进行，又能够达到防止滥诉的目的，提醒当事人尊重而不是滥用劳动争议处理程序。

五、采用自愿调解的原则

调解一般采用自愿原则，不能强制劳动者和用人单位必须进行调解。但也要对他们进行宣传，让他们了解劳动争议调解的便利性，愿意选择这种争议解决方式，不要因为不了解而错过解决机会。这是因为调解程序毕竟还是诉讼程序和仲裁程序之前的解决程序，更为强调当事人的意愿，更注重当事人的自由选择权，程序上也更为灵活。但是这种自愿原则也是有一定范围的，就是在个体劳动争议范围内实行，如果是集体劳动争议，则调解是必经程序。

这是因为集体劳动争议不同于个体劳动争议，劳动者在集体之中更容易因为相互共情而产生极端情绪，进而酿成群体性事件的发生，影响社会稳定，同时也妨碍了劳动争议最终得以解决。因此，在集体劳动争议处理上要先经过调解程序，让工会代表、行业协会代表这些更熟悉争议情况同时也更熟悉劳动者情况的人参与解决争端，同时也让政府通过正式程序主导劳动争议处理进程。调解程序的开始可以提醒劳动者，政府已经关注到这个劳动争议，并正在着手解决，给劳动者以希望。同时也通过这种正式程序，把争议纳入到正式解决的轨道上来，通过法律内的纠纷处理框架解决问题。

六、调解协议应具有类似合同的法律效力

调解协议的法律效力是一个需要加以改进的问题。如果按照现行法律规定，调解协议几乎没有任何约束力，一方当事人不遵守调解协议，另一方当事人也无可奈何，只能继续提起劳动仲裁。那么，可想而知，当事人几乎没有任何意愿去费心费力达成一份缺乏强制力的约束。另外，调解大部分情况下是当事人的自愿行为，调解协议是双方当事人自愿达成的协议，如果规定调解协议具有类似于仲裁裁定或者法院判决的法律强制力，也不符合法律的基本原理。

参照国外相关做法，调解协议可以被视为劳动争议双方当事人自愿达成的劳动合同，是对于之前劳动关系的补充，具有

着一定的相对性。这样一来，它对于双方当事人而言，是有着约束力的，如果一方当事人不履行调解协议，另一方当事人就可以依据协议内容起诉，请求法院确认协议效力并强制对方执行。同时，因为双方当事人参与调解的过程被视为缔结一个新的劳动合同的过程，因此在调解过程中双方当事人对争议事实的陈述、对己方权利的让渡、对特定金额的妥协，不能被视为具有证据意义，也不能在之后的仲裁或者诉讼过程中用作对一方不利的证明。这样能够避免当事人出于疑虑不愿意在调解过程中做出让步，最终导致调解难以成功。

第三节　劳动争议仲裁制度的完善

一、设立独立的仲裁机构

仲裁独立与司法独立一样，也是实现客观公正的重要保障。为了保障仲裁机构独立作出裁决，需要满足两个要件。第一，劳动仲裁机构必须独立。劳动仲裁机构要像司法机关那样，不依附、隶属于任何部门，独立进行仲裁，这是实现仲裁裁决公正的首要前提和必要保障。第二，劳动仲裁机关行使仲裁权力时独立。仲裁机关在对案件进行仲裁时的依据为事实和法律，不受其他任何国家机关、社会团体和个人的干预。具备先进劳动争议处理机制的国家，无论是英美法系国家还是大陆法系国家，都无一例外地将仲裁机构设立为人事和经费皆独立于行政机关的独立仲裁机构，以避免劳动争议仲裁程序受到行政部门和资本力量的干扰，保障仲裁的中立地位。因此，仲裁委员会要朝着真正的准司法机构方向发展，要逐步与劳动行政机关脱离，成为具有社团法人资格的非营利组织，所需的经费支出直接由国家进行财政拨款。劳动仲裁结果的作出，包括生效的仲裁裁决及其他法律文书不应受到包括劳动行政部门在内的政府部门或其他公权力机关的干涉，从而保证仲裁机关的独立性以及仲裁裁决的公平与公正。同时，仲裁委员会的成员组成也需要进行改革，只有仲裁员中立才能保证仲裁委员会的中立。应该建立劳动行政部门、工会及用人单位代表的仲裁员人员名册，当事人可参照人员名册自主选择仲裁员，提高社会对仲裁机构的信任度，使得仲裁裁决结果具备公信力和权威性。

二、完善一裁终局的适用范围

一裁终局制度的设计意义在于将劳动争议双方当事人从烦冗复杂的诉讼程序中解放出来，将争议解决于仲裁阶段，提高争议解决效率，减轻法院负担，节省司法资源。但这一制度过于狭窄的适用范围实际上限制了一裁终局作用的发挥，过于狭窄的适用范围使得一裁终局制度名存实亡，必须加以改变。

首先，将案情不复杂且争议标的数额小的劳动争议案件强制纳入仲裁范围。具体而言，建议将《劳动争议调解仲裁法》

第四十七条第（一）项中关于适用一裁终局案件的标的由"当地月最低工资标准十二个月金额"变更为"当地社会平均工资十二个月金额"。这样既能够扩大劳动争议一裁终局的受案标的与受案范围，以此将更多的劳动争议纳入到一裁终局制度的适用范围内，将简单案件解决在仲裁程序，把仲裁分流的作用发挥到最大化。也能够避免将过多的案件放入一裁终局范畴，防止当事人的权益无法得到更多的程序保障。其他不属于上述受案范围的案件，赋予当事人更多的程序上的自由选择权，即当事人可以自主选择是否申请劳动仲裁或提交人民法院予以审理，当事人选择后，应当对自身的选择结果负责，即不得对其选择的程序提出异议。

其次，经济补偿和赔偿金的适用范围也要扩大。经济补偿除了解除或终止劳动合同的经济补偿金外，也包括竞业限制期限内给予的合理经济补偿等；赔偿金除了违法解除或者终止劳动合同的赔偿金，还包括《劳动合同法》规定的未签订书面劳动合同的二倍工资和违法约定试用期的赔偿金等。增加了补偿金和赔偿金的赔付标准，有助于扩大仲裁庭在审理仲裁案件时的审理权，增强仲裁庭的权威性，扩大仲裁裁决的适应范围，为增强劳动争议双方的满意度奠定基础。

最后，对于《劳动争议调解仲裁法》第四十七条第（二）项中对于社会保险引发的争议划归为受案范围与法院受案范围相冲突的问题。因社会保险缴纳问题所产生的争议从根本上来说是由于用人单位未及时足额为劳动者缴纳社会保险所引发的，通常来说分为两种情形：第一种情形是劳动者未补缴欠缴的社会保险费用。该种争议属于行政机关管辖案件，应提交劳动行政部门予以处理。另一种情形为劳动者自行补缴应由用人单位承担的部分。对该种争议根据相关法律规定，系用人单位不当得利，可参照民法中关于不当得利纠纷解决机制予以处理，由人民法院予以管辖。因该项规定有关社会保险方面发生的争议规定得不够明确，建议明确为："劳动者要求用人单位按国家法律规定为其缴纳社会保险，用人单位欠缴社会保险费用且社会保险经办机构不能补办导致其无法享受社会保险待遇为由，要求用人单位进行赔偿而发生的劳动争议，仲裁机关一裁终局。"

三、改进劳动争议仲裁申请时效的规定

首先是要明确仲裁时效的起算点问题。在现实生活中，劳动者并不是一旦自身权利受到侵害就能够马上主张权利。事实上，劳动者往往会在劳动关系面临解除的情况下才会运用法律武器维护自身权益。这就导致提起仲裁的时间点往往晚于权利受到侵害的时间点。在这种情况下，如果劳动仲裁时效规定较短，就会损害劳动者权益，使其丧失法律保护。因此，这就需要对劳动仲裁时效制度予以完善，可以考虑以劳动关系终止之日起计算时间，这样更符合实际情况，也有利于更好地实现仲裁的立法目的。还有一些特殊类型的案件，比如，工伤赔偿案件。工伤鉴定需要一定的时间，再考虑到工伤事件发生后劳动者接受治疗的时间和与用人单位进行协商

的时间，时效较短的话也会造成劳动者权益实际上得不到法律保护的情况。建议这类案件的时效起算点可以定位在劳动者取得伤残鉴定证明时。

仲裁时效还需要考虑劳动者和用人单位的实际情况。劳动争议案件涉及劳动者的生计，会极大地影响劳动者的日常生活。大部分用人单位也存在着档案管理不规范，证据保存意识差等问题。时效过长，会导致相关证据收集困难，审理难度大等问题。劳动者的正常生活也会受到更大影响。因此，仲裁时效应保持在一个不长不短的合理区间。可以参考民法中关于民事诉讼时效的规定，将仲裁时效界定为 3 年或者稍短一些的 2 年时间，保持公正和效率的平衡。

仲裁时效制度的覆盖面还应该进一步扩大。目前的特殊仲裁时效，主要适用于拖欠劳动者报酬领域。在实践中同样常见的是用人单位拖欠劳动者加班报酬、年休假报酬的情况。这些无疑也是对劳动者权益的侵犯。因此，建议在特别仲裁时效中增加关于加班报酬和年休假报酬的规定，把这两种情形也纳入特殊仲裁时效覆盖范围内。

仲裁时效还需要进一步与诉讼时效相衔接。要进一步明确仲裁时效的性质，明确仲裁时效消灭的是胜诉权而非实体权利。即使是超过仲裁时效的诉请，一样可以去人民法院提起诉讼。而人民法院在受案及审理的时候，不需要主动去审查时效问题，而是按照审理一般程序去进行法律审和事实审。这样也能有效地避免裁判不一致的问题。

四、加强仲裁委与法院之间的监督与协助

有观点认为仲裁和法院属于两个不同性质的机构，相互间不应过多交流，应保存各自的独立性。但笔者认为，虽然仲裁委与法院是相互独立的，但是相互交流有助于尽快解决劳动纠纷，也有利于维护法律的和谐统一。在法律实践中我们发现，仲裁委如果与法院沟通联动较好，那么仲裁裁决和法院判决一致性更强，对当事人的指引性更强。仲裁裁决当事人对仲裁裁决的认可度也就更高，更容易服从仲裁裁决。这样有助于减少法院劳动争议案件的受理量，减轻司法负担。相反，如果仲裁裁决与法院判决不一致的情况更多，就会鼓励当事人，尤其是接受到不利结果的当事人更多地提起诉讼以期望获得一个令自己更为满意的结果，反而大大增加了司法负担。

针对这个问题，综合学术界的理论探讨和实务部门在实践中的探索，可以采取如下完善措施。

第一，建立联席会议制度。由于仲裁与诉讼的独立性，仲裁委与法院两机构在审理案件时互不往来，工作信息和案件的统计数据也相互保密，仲裁与诉讼之间产生了断层，各不了解对方的情况，不了解仲裁与诉讼的裁判结果、当事人的服判息诉率等，双方的工作很难得到改进。因此，人民法院和当地的人社部门可以定期或不定期召开联席会议，共同研究分析劳动人事争议处理形势，互相通报工作情况，沟通协调争议仲裁与诉讼中的受理范围、程序衔接、法律适用标准等问题，推进裁

审工作有效衔接。

在这方面一些地方进行了探索。北京建立了例会制度，相应层级的法院与相对应的仲裁机构定期组织会议，交流案件情况及专业性问题。厦门实行的是联合会议制度，与北京略有不同，中级人民法院与当地仲裁机构定期组织专业会议，两个机构之间定期进行交流，并对案件审理情况进行反馈。这些经验值得在全国推广。由中级人民法院与当地劳动争议仲裁机构定期进行业务沟通，一方面可以保证裁审一致性，另一方面在交流过程中也有助于提高专业人员的业务能力。

第二，建立信息共享制度。仲裁与诉讼既是相互独立又是相互联系的两个程序，虽然仲裁是诉讼的前置程序，但是由于其信息的不相通，仲裁员往往不知道自己审理过的案件的后期情况，也无法了解法官的审理思路。诉讼阶段的法官也只能了解当事人提交的相关材料，无法了解仲裁期间的相关情况，不利于仲裁员与法官之间相互学习。可以考虑建立信息共享制度，劳动仲裁委和人民法院之间实现信息互通和数据共享，仲裁员加强对争议案件的后期追踪，分析仲裁与诉讼的裁判结果审理情况，在法院的配合和支持下不断地改进仲裁工作。同时还可以建立案卷借阅制度，目前当事人不服仲裁裁决向人民法院起诉后，仲裁的案卷不随当事人移送，诉讼阶段当事人需要重新提交起诉状、证据、仲裁裁决书等资料。为更好地了解案件情况，仲裁与法院之间可以像基层人民法院与中级人民法院之间一样建立电子案卷信息平台，仲裁委将审理终结的案件扫描进系统，法院在审理该案时可以查阅仲裁阶段的信息。

第三，建立疑难复杂案件办案指导制度。双方定期开展案例分析讨论会，对疑难复杂、重大劳动争议案件进行研讨和交流，探讨问题的解决思路，做到公正、公平、高效地处理案件。对于典型的劳动争议案件双方可筛选后定期发布，统一规范法律适用标准，当法院发现仲裁委的法律适用标准有问题时应及时与仲裁委沟通，双方相互促进，相互提高。

第四，建立联合培训制度。仲裁员与法官的知识储备量不同，思考问题的角度不同，人社部门和法院可以联合开展业务培训，如师资培训、远程在线培训、庭审观摩等，让法官和仲裁员在交流会上可以互相分享办案的经验方法，相互吸取和借鉴成功经验，增强办案人员的素质和能力，促进提高裁审衔接水平。

第四节　劳动争议审判制度的完善

一、建立裁审分离、各自终局的制度

我们应当对现行的劳动争议处理模式予以改革。笔者认为，我们可以尝试建立"裁审自愿、各自终局"的劳动争议处理模式，即当事人可以自由选择劳动争议的处理机构，不再将仲裁视为诉讼的前置程序，同时仲裁裁决和人民法院作出的生效判决均具有终局性，对当事人具有法律上的约束力。这一劳动争议处理模式既尊重了当事人的意思自治，使当事人能够根据自身需要做出有利于自己的选择，最大限度地保障了当事人的合法权益，避免了劳动争议的重复处理，节约了司法资源，又降低了当事人的时间成本和经济成本。当然，我们可以对这种自由选择权设定一定条件：对于劳动争议标的在当地月最低工资标准二十四个月金额之下的、案由为给付劳动报酬等相关义务的、标的额较小的案件或案情较为简单的劳动争议案件由劳动仲裁机关审理，使简单案件快速审结。这一标准也可以参考一裁终局案件的条件设定。对于不属于上述案件范围的当事人可以自由选择纠纷解决机制，通过仲裁或者诉讼两种不同的争议解决程序解决纠纷。劳动争议发生后，双方当事人通过协商、调解后仍达不成协议，或者双方并不愿通过协商、调解等方式处理劳动争议的，可以依据其签订的劳动合同（包括集体合同）中，约定的解决争议的仲裁条款或者发生纠纷后双方自愿达成的仲裁协议而选择劳动仲裁；没有仲裁条款或仲裁协议或双方当事人以实际行动选择司法途径解决的，可以直接向人民法院起诉[1]。如果通过劳动争议仲裁程序解决争议，劳动争议仲裁机关为最终的争议解决机关，其作出的仲裁裁决具有最终的法律效力，当事人可以通过公权力机关如人民法院申请强制执行。如果选择通过诉讼解决争议，则该劳动纠纷就跟普通民事纠纷一样，直接进入司法程序，人民法院可以直接审理

---

[1] 范跃如：《劳动争议诉讼特别程序原理》，法律出版社 2008 年版，第268 页。

劳动争议案件，免去当事人仲裁前置程序的烦琐，以提高劳动争议案件的处理效率。同时，人民法院作为诉讼机关，应承担其对仲裁机构进行监督的职能，可继续保留劳动仲裁程序中在对仲裁结果不服的救济途径中，即当事人如果对仲裁结果不服，可以向仲裁机关所在地的中级人民法院申请撤裁，使得"或裁或审、各自终局"的程序在保留合理因素的基础上予以发展。

二、建立独立的劳动争议审判机构，设立专门的劳动法庭

目前学界在建立独立劳动争议审判机构上存在四种学说，分别是独立型、特别专审非独立型、普通专审非独立型、原有仲裁委改造劳动法院说。一是独立型。现阶段德国采用该种模式，即在普通人民法院之外设立独立的劳动法院，由专业的法官审理劳动争议案件[1]。二是特别专审非独立型。该说主张直接在法院民事审判庭内独建一个专门劳动法庭，法官的组成结构上采用西方国家的"三方性原则"，即由专职法官、劳动者代表和用人单位代表三方组成审判庭，德国和英国就采取了诉讼三方性原则。三是普通专审非独立型[2]。该模式与"特别专审非独立型"相同之处在于都是在劳动法庭设置在法院内部，不同之处在于其审判庭的组成人员只能由专职法官组成，不采用三方性原则。四是原有仲裁委改造劳动法院。我国许多

---

〔1〕 周培：《从德国劳动争议诉讼制度看我国劳动法院的建立》，《中国劳动关系学院学报》2013年第1期，第47页。
〔2〕 范跃如：《劳动争议诉讼审判机构研究》，《法学家》2007年第2期，第122页。

学者认为劳动争议处理中的"仲裁前置"程序已经不能适应社会的发展，应该建立独立的劳动审判机构。劳动仲裁委员会的准司法性在审理程序与法院类似，将仲裁委直接改造为劳动法院，有利于实现司法资源的合理利用。

第一种学说认为建立独立的劳动法院可以培养专职法官审理案件，有利于案件高效合理的解决。笔者认为这种审判模式虽然有利于劳动争议案件审理的专业化，但是从我国司法系统现状出发，现阶段建立独立的劳动法院缺乏现实基础。建立一个独立的劳动法院需要在司法制度上做出顶层设计，建立一套完整的诉讼程序，既需要立法上进行重新设计，又要投入大量的人力、物力和财力进行支持，况且目前劳动争议的案件还没有足够多到需要建立一个独立的劳动法院来审理，因此，现阶段建立独立的劳动法院是不现实的也是不必要的。

第二种学说主张在法院内部设立独立的劳动法庭具有一定的合理性，但是该观点的学者主张像西方国家一样采用"三方性原则"，由专职法官、劳动者代表和用人单位代表三方组成审判庭，笔者认为这种建议并不妥当。第一，若采用"三方性原则"则与仲裁委别无二致，仲裁委也是采用这种审理原则，若法院也采用这一原则，则无法体现仲裁委的独特性，导致仲裁委的设置是多余的。第二，该三方性原则毕竟跟陪审制不同，陪审员是严格按照国家标准选取并任命的，其审判权力是由国家赋予的，享有与法官同样的权力；三方性原则中用人单位和劳动者选派的人员具有临时性，其权威性将大打折扣。第三，我国审判结果实行的是少数服从多数原则，而三方性原则中用人单位和劳动者选派的代表都有自己的利益倾向，作出的判决结果缺乏公正性。

第三种学说主张在民事审判庭内部设立劳动法庭。这种模式既兼顾了劳动争议的专业性，又符合了我国时下的国情。

第四种学说主张将原有仲裁委改造为劳动法院。笔者认为，我国劳动争议仲裁委员会的设置有其积极价值，应该保留下来，而不应将其改造成劳动法院。若将劳动仲裁委改造成劳动法院，由于我国实行两审终审制，那么劳动争议的二审案件应该在什么地方审理呢？是新成立一个专门的中级劳动法院，还是由普通中级人民法院审理劳动争议上诉案件？因此，不宜将原仲裁委转变成劳动法庭。

综上所述，在劳动争议审判模式的选择上，笔者主张采用普通专审非独立型，即在法院民事审判庭内部成立一个独立劳动审判庭，由固定的法官专门负责审理劳动争议的案件。从西方发达国家劳动争议处理的经验来看，英国的产业法庭、德国的劳动法院模式都在实践中取得了很好的效果。我国的司法实践中，劳动争议案件由民事第一审判庭审理，而民一庭法官不仅审理劳动争议案件还会处理合同、侵权等其他类型的案件，甚至有可能有民事审判庭、行政庭、刑庭的法官轮岗过来的情况，这导致审理劳动争议案件的法官专业性有限，大多数的审判人员没有经过劳动法律、法规专门的训练，对案件的细节把握和掌控不够，审理的质量也还有提高的空间。

设立劳动争议审判庭，已在各地法院有过数年的探索及尝试。在北京、上海、广东、江苏、内蒙古等地，地方法院已经设立了劳动争议审判庭。如广东深圳在 2005 年上半年就率先设立了专门审理劳动案件的审判法庭[1]。2010 年 3 月，佛山禅城区人民法院设立劳动争议类案件的专门巡回法庭。2010 年 8 月，东莞市某法院设立劳动争议巡回法庭。2010 年 5 月，江苏省内第一家劳动类案件专门审判庭在无锡中院设立。2010 年底，无锡市境内的 9 家基层法院均设立劳动争议审判庭。重庆市沙坪坝区法院自从在内部设立专门的劳动案件审判法庭以来，普通程序审限指数降低 0.3，案件申请执行率仅为 3.1%，劳动争议法庭的设立使审判质量稳步提高，审判结果更有说服力，提高了司法资源的利用效率以及司法机构的公信力。2021 年 7 月，苏州劳动法庭在江苏省苏州市中级人民法院揭牌，这是经最高人民法院批准的在地方设立的首家劳动法庭。从地方法院的自行尝试到最高法院试点的主动设立，劳动法庭的审理效果逐渐得到肯定，应在总结试点经验的基础上，适时在全国铺开。

三、统一劳动争议仲裁和诉讼的法律适用标准

无论是劳动仲裁还是劳动诉讼，都属于劳动争议处理制度的一部分，都应该使用同样的裁判标准。虽然裁、审属于不同系统，各有自身职能所在，但也应该加强彼此之间的联系，相

---

〔1〕 王夏：《论劳动争议审判庭的组建》，博士学位论文，南京师范大学，2013 年。

互向对方学习长处。仲裁系统应该充分学习现行劳动法律制度，包括基本法律制度、法规规章、司法解释等；审判系统应了解劳动政策、部门规章，及时掌握最新情况。当然，无论是仲裁机构还是司法审判机构，在处理劳动争议案件时，都应该坚持法律法规为主，规章政策为辅。

目前，在实践中，仲裁机构和法院之间审理劳动争议案件所依据的法律规则体系并不完全一致。法院更多地适用最高人民法院关于审理劳动案件的司法解释及发布的典型案例，而仲裁机构则更多地依靠人社部关于如何处理劳动争议发布的规章和相应的答复。这两种规则在对方那里基本上都是不适用的。这种适用规则上的不一致难免就会造成实践中仲裁裁决和法院判决的不统一。

应借鉴各地有益经验，搭建仲裁机构与司法机构之间的交流平台，构建常态化的交流机制。沟通交流可以采取多种形式进行。可以进行共同的业务培训，可以定期召开座谈会，沟通交流实践中遇到的疑难问题、最新出台的法律法规和规章政策、对典型案件的处理心得、劳动争议案件的发展趋势等。仲裁机构和司法机构也要注意做好公开工作，利用好媒体平台，及时发布司法实践中的典型案例，进行沟通交流。

四、建立管辖权的有效衔接

在地域管辖问题上，有学者建议劳动争议诉讼的管辖可以仿照民事诉讼的管辖设立专属管辖。一是将劳动争议的合同履行分为劳动工资关系履行和劳动义务履行，如果是涉及工资、福利等金钱给付的案件，由用人单位所在地的法院管辖；如果涉及劳动义务履行的案件，由劳动合同履行地法院管辖[1]。这样有利于双方当事人和法院展开调查取证。二是工伤事故纠纷专属劳动合同履行地法院管辖，因为发生工伤事故后要收集证据、做工伤认定，加之当事人行动不便，将工伤事故纠纷归为合同履行地法院专属管辖，有利于劳动者诉讼便利，也体现了法院及时、公正、便民的审判原则。三是对于涉外劳动争议，若用人单位不在我国境内的，则发生争议后由劳动争议合同履行地法院管辖。

设立专属管辖，明确了案件的受理法院，一定程度上方便了劳动者参加诉讼和法院查清案件事实真相，但是由于现实中劳动争议案件内容的复杂性，如果一个劳动争议案件既涉及劳动工资关系也涉及劳动义务履行，同样会存在管辖权争议的问题。比如，张某和用人单位都在 A 市，后用人单位派张某前往 B 市工作。张某在出差时发生意外，在工伤认定问题上与用人单位发生争议。按照专属管辖原则，此案件应该由 B 市法院管辖。但张某在 A 市安家，这样反而增加了他的诉讼成本。针对这一问题，可以有如下解决方案。尊重当事人的自由意志，优先考虑劳动者的选择，由劳动者在用人单位所在地和劳动合同履行地法院之间进行选择，用人单位率先向用人单位所

---

[1] 范跃如：《劳动争议诉讼特别程序原理》，法律出版社 2008 年版，第 101 页。

在地法院提起诉讼的，若劳动者无异议的，则成立应诉管辖；若劳动者有异议，则以劳动者的选择为准，以保障劳动者维权的及时性。对工伤引发的劳动争议做出特别规定。工伤事故发生后，往往伴随着调查取证、劳动者受伤后的行动不便等问题，因而，工伤事故纠纷由劳动合同履行地或是工伤事故发生地法院管辖，既有利于法院及时调查取证，也有利于减轻劳动者的诉讼成本。

五、完善诉讼请求衔接的规定

关于当事人在诉讼阶段增加诉讼请求的情形，理论界主要有两种观点。第一种观点认为，在诉讼阶段增加的诉讼请求本质上是一个未经仲裁程序实体审理的诉请，基于"仲裁前置"的规定，法院应不予受理，原告应重新申请仲裁。第二种观点认为，"仲裁前置"的制度不应当是僵化的，应当面对实际中的复杂情形做出灵活调整，为维护劳动者的合法权益，法院对新增的诉请可以直接受理。笔者认为，对于在诉讼阶段新增诉讼请求的问题不适用绝对化的规定来处理，但也不能过于灵活处理，解决问题的关键在于如何对当事人在劳动争议诉讼阶段提出的诉讼请求超过仲裁期间提出的仲裁请求进行更好规范。《最高人民法院关于审理劳动争议案件适用法律问题的解释（一）》提出了"不可分性"的适用标准，但"不可分性"应如何认定，法律应作出进一步明确的解释，以免出现因审案法官的判断标准不一致导致审理结果不一致的情况出现。笔者认为，"不可分性"应当具备两个条件：一是基于同一事实产生，二是相互之间具有依附性[1]。前者是要确保在诉讼阶段新增的诉请与原诉请引发的法律事实相一致，即为同一法律事实。后者要求新增诉请与原诉请之间具有密切的联系。在同时满足上述条件的情形下，才能认定新增诉请符合"不可分性"的规定，人民法院应当受理新增诉请并将其与原诉请合并审理，反之，人民法院则应当作出不予受理的裁定，告知当事人就新增诉请部分另行向仲裁机构申请仲裁。

关于当事人在诉讼阶段减少诉讼请求的情形，未起诉部分的诉讼请求的仲裁裁决效力应当如认定问题，目前实践中的普遍做法是，依据"不告不理"的原则，法院对于未起诉部分的事项不会主动审查，仅对当事人提出请求的部分进行审理和裁判，同时为了确保未起诉部分仲裁裁决事项的效力，法院应当在判决书中予以明确，以为后续的执行提供依据。北京、江苏等地对此都做了详细的规定，这一做法弥补了当前部分裁决事项悬空的漏洞，应上升到国家立法层面，做出统一规定。

对于诉讼请求的变更，2014 年《上海高院民事审判庭第三季度庭长例会研讨纪要》提出，劳动者变更前后的诉请均基于同一法律事实的，经法院释明后应准许当事人变更诉请请求。如果不予变更，将会延长当事人申请权利救济的审限，降低处理效率，增加当事人负累。上海高院的处理意见本质上是

---

〔1〕　程立武：《劳动争议处理程序中非诉与诉的衔接和转化》，《法律适用》2015年第 1 期，第 70 页。

采用了增加诉请情形下的相同的处理方法，即依据诉请与讼争是否具有不可分性，若具有，则认定人民法院应当合并审理，若不具有，则应当不予受理。笔者认为，这种做法在一定程度上混淆了变更诉请与增加诉请之间的区别。对于诉讼请求的变更，除了需要考虑变更后的诉讼请求与原仲裁请求是否具有"不可分性"外，还应当从是否具备实质性变化的方面进行考量，做出不同的处理。假设变更后的诉讼请求与原仲裁请求并不具备"不可分性"，人民法院不予受理，则告知当事人应向仲裁委员会申请仲裁。如果变更后的诉讼请求与原仲裁请求具备"不可分性"，还需要对两者之间是量变还是质变进行审查，如果产生了质的变更，由于诉请因未经仲裁前置程序，人民法院不应处理；如果仅发生了量的变更，出于减轻当事人负累，提高处理效率方面考虑，人民法院可以受理。

六、统一裁审受案范围

受案范围就像是劳动争议处理机制的大门，它的宽窄，直接影响了后面的一系列程序。受案范围过窄，自然就会阻碍劳动者权益的保障，妨碍和谐劳动关系的构建。受案范围过宽，超过了现实国情，也会导致劳动争议处理机制不堪重负，在当前发展阶段最为紧要急迫的劳动争议迟迟得不到处理的问题。而仲裁和诉讼受案范围上的差异，更是会给当事人以法制不统一的恶劣印象，影响公众对司法的信心，妨碍法治社会的构建。因此，两种程序的受理标准必须统一起来。

　　比如，目前在实践中，面对劳动者和用人单位之间发生的，因为社保缴纳、领取退休待遇等问题产生的劳动争议，是否将其纳入受案范围，仲裁机构和法院的做法并不一致。仲裁机构往往按照人社部规章的规定，采用退休年龄作为判断标准。一旦当事人的年龄超过了退休年龄，仲裁庭就不会视其为适格的当事人，也不会受理其所提出的劳动争议案件。可是这个问题在实践中的复杂之处在于，提起这种争议的当事人，往往已经接近或者是超过退休年龄。而且，部分当事人因为要凑够社保缴费年限，在超过退休年龄后继续在用人单位工作。这就造成了仲裁受案范围和诉讼受案范围的不一致。

　　要从制度层面，在立法上将二者受理范围统一起来。可以采用列举式加概括式的方法，明确二者的受案范围。对于实践中遇到的，处于模糊地带的劳动争议，应构建协商机制，由最高人民法院和人社部联席会商，统一决定案件受理标准，联合发布文件。这样才能有效地统一仲裁和诉讼受案范围。

附　录

《中华人民共和国劳动争议调解仲裁法》

(2007 年 12 月 29 日第十届全国人民代表大会
常务委员会第三十一次会议通过)

目　录

第一章　总　　则

第一条　为了公正及时解决劳动争议，保护当事人合法权益，促进劳动关系和谐稳定，制定本法。

第二条　中华人民共和国境内的用人单位与劳动者发生的下列劳动争议，适用本法：

（一）因确认劳动关系发生的争议；

（二）因订立、履行、变更、解除和终止劳动合同发生的争议；

（三）因除名、辞退和辞职、离职发生的争议；

（四）因工作时间、休息休假、社会保险、福利、培训以及劳动保护发生的争议；

（五）因劳动报酬、工伤医疗费、经济补偿或者赔偿金等发生的争议；

（六）法律、法规规定的其他劳动争议。

第三条　解决劳动争议，应当根据事实，遵循合法、公正、及时、着重调解的原则，依法保护当事人的合法权益。

第四条　发生劳动争议，劳动者可以与用人单位协商，也可以请工会或者第三方共同与用人单位协商，达成和解协议。

第五条　发生劳动争议，当事人不愿协商、协商不成或者达成和解协议后不履行的，可以向调解组织申请调解；不愿调解、调解不成或者达成调解协议后不履行的，可以向劳动争议仲裁委员会申请仲裁；对仲裁裁决不服的，除本法另有规定的外，可以向人民法院提起诉讼。

第六条　发生劳动争议，当事人对自己提出的主张，有责任提供证据。与争议事项有关的证据属于用人单位掌握管理的，用人单位应当提供；用人单位不提供的，应当承担不利后果。

第七条　发生劳动争议的劳动者一方在十人以上，并有共同请求的，可以推举代表参加调解、仲裁或者诉讼活动。

第八条 县级以上人民政府劳动行政部门会同工会和企业方面代表建立协调劳动关系三方机制，共同研究解决劳动争议的重大问题。

第九条 用人单位违反国家规定，拖欠或者未足额支付劳动报酬，或者拖欠工伤医疗费、经济补偿或者赔偿金的，劳动者可以向劳动行政部门投诉，劳动行政部门应当依法处理。

第二章 调 解

第十条 发生劳动争议，当事人可以到下列调解组织申请调解：

（一）企业劳动争议调解委员会；

（二）依法设立的基层人民调解组织；

（三）在乡镇、街道设立的具有劳动争议调解职能的组织。

企业劳动争议调解委员会由职工代表和企业代表组成。职工代表由工会成员担任或者由全体职工推举产生，企业代表由企业负责人指定。企业劳动争议调解委员会主任由工会成员或者双方推举的人员担任。

第十一条 劳动争议调解组织的调解员应当由公道正派、联系群众、热心调解工作，并具有一定法律知识、政策水平和文化水平的成年公民担任。

第十二条 当事人申请劳动争议调解可以书面申请，也可以口头申请。口头申请的，调解组织应当当场记录申请人基本情况、申请调解的争议事项、理由和时间。

第十三条 调解劳动争议，应当充分听取双方当事人对事实和理由的陈述,耐心疏导,帮助其达成协议。

第十四条 经调解达成协议的,应当制作调解协议书。

调解协议书由双方当事人签名或者盖章,经调解员签名并加盖调解组织印章后生效,对双方当事人具有约束力,当事人应当履行。

自劳动争议调解组织收到调解申请之日起十五日内未达成调解协议的,当事人可以依法申请仲裁。

第十五条 达成调解协议后,一方当事人在协议约定期限内不履行调解协议的,另一方当事人可以依法申请仲裁。

第十六条 因支付拖欠劳动报酬、工伤医疗费、经济补偿或者赔偿金事项达成调解协议,用人单位在协议约定期限内不履行的,劳动者可以持调解协议书依法向人民法院申请支付令。人民法院应当依法发出支付令。

第三章 仲 裁

第一节 一般规定

第十七条 劳动争议仲裁委员会按照统筹规划、合理布局和适应实际需要的原则设立。省、自治区人民政府可以决定在市、县设立;直辖市人民政府可以决定在区、县设立。直辖市、设区的市也可以设立一个或者若干个劳动争议仲裁委员会。劳动争议仲裁委员会不按行政区划层层设立。

第十八条 国务院劳动行政部门依照本法有关规定制定仲裁规则。省、自治区、直辖市人民政府劳动行政部门对本行政区域的劳动争议仲裁工作进行指导。

第十九条　劳动争议仲裁委员会由劳动行政部门代表、工会代表和企业方面代表组成。劳动争议仲裁委员会组成人员应当是单数。

劳动争议仲裁委员会依法履行下列职责：

（一）聘任、解聘专职或者兼职仲裁员；

（二）受理劳动争议案件；

（三）讨论重大或者疑难的劳动争议案件；

（四）对仲裁活动进行监督。

劳动争议仲裁委员会下设办事机构，负责办理劳动争议仲裁委员会的日常工作。

第二十条　劳动争议仲裁委员会应当设仲裁员名册。

仲裁员应当公道正派并符合下列条件之一：

（一）曾任审判员的；

（二）从事法律研究、教学工作并具有中级以上职称的；

（三）具有法律知识、从事人力资源管理或者工会等专业工作满五年的；

（四）律师执业满三年的。

第二十一条　劳动争议仲裁委员会负责管辖本区域内发生的劳动争议。

劳动争议由劳动合同履行地或者用人单位所在地的劳动争议仲裁委员会管辖。双方当事人分别向劳动合同履行地和用人单位所在地的劳动争议仲裁委员会申请仲裁的，由劳动合同履行地的劳动争议仲裁委员会管辖。

第二十二条　发生劳动争议的劳动者和用人单位为劳动争

议仲裁案件的双方当事人。

劳务派遣单位或者用工单位与劳动者发生劳动争议的，劳务派遣单位和用工单位为共同当事人。

第二十三条　与劳动争议案件的处理结果有利害关系的第三人，可以申请参加仲裁活动或者由劳动争议仲裁委员会通知其参加仲裁活动。

第二十四条　当事人可以委托代理人参加仲裁活动。委托他人参加仲裁活动，应当向劳动争议仲裁委员会提交有委托人签名或者盖章的委托书，委托书应当载明委托事项和权限。

第二十五条　丧失或者部分丧失民事行为能力的劳动者，由其法定代理人代为参加仲裁活动；无法定代理人的，由劳动争议仲裁委员会为其指定代理人。劳动者死亡的，由其近亲属或者代理人参加仲裁活动。

第二十六条　劳动争议仲裁公开进行，但当事人协议不公开进行或者涉及国家秘密、商业秘密和个人隐私的除外。

第二节　申请和受理

第二十七条　劳动争议申请仲裁的时效期间为一年。仲裁时效期间从当事人知道或者应当知道其权利被侵害之日起计算。

前款规定的仲裁时效，因当事人一方向对方当事人主张权利，或者向有关部门请求权利救济，或者对方当事人同意履行义务而中断。从中断时起，仲裁时效期间重新计算。

因不可抗力或者有其他正当理由，当事人不能在本条第一款规定的仲裁时效期间申请仲裁的，仲裁时效中止。从中止时效的原因消除之日起，仲裁时效期间继续计算。

劳动关系存续期间因拖欠劳动报酬发生争议的，劳动者申请仲裁不受本条第一款规定的仲裁时效期间的限制；但是，劳动关系终止的，应当自劳动关系终止之日起一年内提出。

第二十八条 申请人申请仲裁应当提交书面仲裁申请，并按照被申请人人数提交副本。

仲裁申请书应当载明下列事项：

（一）劳动者的姓名、性别、年龄、职业、工作单位和住所，用人单位的名称、住所和法定代表人或者主要负责人的姓名、职务；

（二）仲裁请求和所根据的事实、理由；

（三）证据和证据来源、证人姓名和住所。

书写仲裁申请确有困难的，可以口头申请，由劳动争议仲裁委员会记入笔录，并告知对方当事人。

第二十九条 劳动争议仲裁委员会收到仲裁申请之日起五日内，认为符合受理条件的，应当受理，并通知申请人；认为不符合受理条件的，应当书面通知申请人不予受理，并说明理由。对劳动争议仲裁委员会不予受理或者逾期未作出决定的，申请人可以就该劳动争议事项向人民法院提起诉讼。

第三十条 劳动争议仲裁委员会受理仲裁申请后，应当在五日内将仲裁申请书副本送达被申请人。

被申请人收到仲裁申请书副本后，应当在十日内向劳动争议仲裁委员会提交答辩书。劳动争议仲裁委员会收到答辩书后，应当在五日内将答辩书副本送达申请人。被申请人未提交答辩书的，不影响仲裁程序的进行。

第三节　开庭和裁决

第三十一条　劳动争议仲裁委员会裁决劳动争议案件实行仲裁庭制。仲裁庭由三名仲裁员组成，设首席仲裁员。简单劳动争议案件可以由一名仲裁员独任仲裁。

第三十二条　劳动争议仲裁委员会应当在受理仲裁申请之日起五日内将仲裁庭的组成情况书面通知当事人。

第三十三条　仲裁员有下列情形之一，应当回避，当事人也有权以口头或者书面方式提出回避申请：

（一）是本案当事人或者当事人、代理人的近亲属的；

（二）与本案有利害关系的；

（三）与本案当事人、代理人有其他关系，可能影响公正裁决的；

（四）私自会见当事人、代理人，或者接受当事人、代理人的请客送礼的。

劳动争议仲裁委员会对回避申请应当及时作出决定，并以口头或者书面方式通知当事人。

第三十四条　仲裁员有本法第三十三条第四项规定情形，或者有索贿受贿、徇私舞弊、枉法裁决行为的，应当依法承担法律责任。劳动争议仲裁委员会应当将其解聘。

第三十五条　仲裁庭应当在开庭五日前，将开庭日期、地点书面通知双方当事人。当事人有正当理由的，可以在开庭三日前请求延期开庭。是否延期，由劳动争议仲裁委员会决定。

第三十六条　申请人收到书面通知，无正当理由拒不到庭或者未经仲裁庭同意中途退庭的，可以视为撤回仲裁申请。

被申请人收到书面通知，无正当理由拒不到庭或者未经仲裁庭同意中途退庭的，可以缺席裁决。

第三十七条　仲裁庭对专门性问题认为需要鉴定的，可以交由当事人约定的鉴定机构鉴定；当事人没有约定或者无法达成约定的，由仲裁庭指定的鉴定机构鉴定。

根据当事人的请求或者仲裁庭的要求，鉴定机构应当派鉴定人参加开庭。当事人经仲裁庭许可，可以向鉴定人提问。

第三十八条　当事人在仲裁过程中有权进行质证和辩论。质证和辩论终结时，首席仲裁员或者独任仲裁员应当征询当事人的最后意见。

第三十九条　当事人提供的证据经查证属实的，仲裁庭应当将其作为认定事实的根据。

劳动者无法提供由用人单位掌握管理的与仲裁请求有关的证据，仲裁庭可以要求用人单位在指定期限内提供。用人单位在指定期限内不提供的，应当承担不利后果。

第四十条　仲裁庭应当将开庭情况记入笔录。当事人和其他仲裁参加人认为对自己陈述的记录有遗漏或者差错的，有权申请补正。如果不予补正，应当记录该申请。

笔录由仲裁员、记录人员、当事人和其他仲裁参加人签名或者盖章。

第四十一条　当事人申请劳动争议仲裁后，可以自行和解。达成和解协议的，可以撤回仲裁申请。

第四十二条　仲裁庭在作出裁决前，应当先行调解。

调解达成协议的，仲裁庭应当制作调解书。

调解书应当写明仲裁请求和当事人协议的结果。调解书由仲裁员签名，加盖劳动争议仲裁委员会印章，送达双方当事人。调解书经双方当事人签收后，发生法律效力。

调解不成或者调解书送达前，一方当事人反悔的，仲裁庭应当及时作出裁决。

第四十三条　仲裁庭裁决劳动争议案件，应当自劳动争议仲裁委员会受理仲裁申请之日起四十五日内结束。案情复杂需要延期的，经劳动争议仲裁委员会主任批准，可以延期并书面通知当事人，但是延长期限不得超过十五日。逾期未作出仲裁裁决的，当事人可以就该劳动争议事项向人民法院提起诉讼。

仲裁庭裁决劳动争议案件时，其中一部分事实已经清楚，可以就该部分先行裁决。

第四十四条　仲裁庭对追索劳动报酬、工伤医疗费、经济补偿或者赔偿金的案件，根据当事人的申请，可以裁决先予执行，移送人民法院执行。

仲裁庭裁决先予执行的，应当符合下列条件：

（一）当事人之间权利义务关系明确；

（二）不先予执行将严重影响申请人的生活。

劳动者申请先予执行的，可以不提供担保。

第四十五条　裁决应当按照多数仲裁员的意见作出，少数仲裁员的不同意见应当记入笔录。仲裁庭不能形成多数意见时，裁决应当按照首席仲裁员的意见作出。

第四十六条　裁决书应当载明仲裁请求、争议事实、裁决理由、裁决结果和裁决日期。裁决书由仲裁员签名，加盖劳动争议仲裁委员会印章。对裁决持不同意见的仲裁员，可以签名，也可以不签名。

第四十七条 下列劳动争议，除本法另有规定的外，仲裁裁决为终局裁决，裁决书自作出之日起发生法律效力：

（一）追索劳动报酬、工伤医疗费、经济补偿或者赔偿金，不超过当地月最低工资标准十二个月金额的争议；

（二）因执行国家的劳动标准在工作时间、休息休假、社会保险等方面发生的争议。

第四十八条 劳动者对本法第四十七条规定的仲裁裁决不服的，可以自收到仲裁裁决书之日起十五日内向人民法院提起诉讼。

第四十九条 用人单位有证据证明本法第四十七条规定的仲裁裁决有下列情形之一，可以自收到仲裁裁决书之日起三十日内向劳动争议仲裁委员会所在地的中级人民法院申请撤销裁决：

（一）适用法律、法规确有错误的；

（二）劳动争议仲裁委员会无管辖权的；

（三）违反法定程序的；

（四）裁决所根据的证据是伪造的；

（五）对方当事人隐瞒了足以影响公正裁决的证据的；

（六）仲裁员在仲裁该案时有索贿受贿、徇私舞弊、枉法裁决行为的。

人民法院经组成合议庭审查核实裁决有前款规定情形之一

的，应当裁定撤销。

仲裁裁决被人民法院裁定撤销的，当事人可以自收到裁定书之日起十五日内就该劳动争议事项向人民法院提起诉讼。

第五十条　当事人对本法第四十七条规定以外的其他劳动争议案件的仲裁裁决不服的，可以自收到仲裁裁决书之日起十五日内向人民法院提起诉讼；期满不起诉的，裁决书发生法律效力。

第五十一条　当事人对发生法律效力的调解书、裁决书，应当依照规定的期限履行。一方当事人逾期不履行的，另一方当事人可以依照民事诉讼法的有关规定向人民法院申请执行。受理申请的人民法院应当依法执行。

第四章　附　　则

第五十二条　事业单位实行聘用制的工作人员与本单位发生劳动争议的，依照本法执行；法律、行政法规或者国务院另有规定的，依照其规定。

第五十三条　劳动争议仲裁不收费。劳动争议仲裁委员会的经费由财政予以保障。

第五十四条　本法自 2008 年 5 月 1 日起施行。

《最高人民法院关于审理劳动争议案件适用法律问题的解释（一）》

（2020 年 12 月 25 日最高人民法院审判委员会第 1825 次会议通过，自 2021 年 1 月 1 日起施行）

为正确审理劳动争议案件，根据《中华人民共和国民法典》《中华人民共和国劳动法》《中华人民共和国劳动合同法》《中华人民共和国劳动争议调解仲裁法》《中华人民共和国民事诉讼法》等相关法律规定，结合审判实践，制定本解释。

第一条 劳动者与用人单位之间发生的下列纠纷，属于劳动争议，当事人不服劳动争议仲裁机构作出的裁决，依法提起诉讼的，人民法院应予受理：

（一）劳动者与用人单位在履行劳动合同过程中发生的纠纷；

（二）劳动者与用人单位之间没有订立书面劳动合同，但已形成劳动关系后发生的纠纷；

（三）劳动者与用人单位因劳动关系是否已经解除或者终止，以及应否支付解除或者终止劳动关系经济补偿金发生的纠纷；

（四）劳动者与用人单位解除或者终止劳动关系后，请求用人单位返还其收取的劳动合同定金、保证金、抵押金、抵押物发生的纠纷，或者办理劳动者的人事档案、社会保险关系等移转手续发生的纠纷；

（五）劳动者以用人单位未为其办理社会保险手续，且社会保险经办机构不能补办导致其无法享受社会保险待遇为由，要求用人单位赔偿损失发生的纠纷；

（六）劳动者退休后，与尚未参加社会保险统筹的原用人单位因追索养老金、医疗费、工伤保险待遇和其他社会保险待遇而发生的纠纷；

（七）劳动者因为工伤、职业病，请求用人单位依法给予工伤保险待遇发生的纠纷；

（八）劳动者依据劳动合同法第八十五条规定，要求用人单位支付加付赔偿金发生的纠纷；

（九）因企业自主进行改制发生的纠纷。

第二条　下列纠纷不属于劳动争议：

（一）劳动者请求社会保险经办机构发放社会保险金的纠纷；

（二）劳动者与用人单位因住房制度改革产生的公有住房转让纠纷；

（三）劳动者对劳动能力鉴定委员会的伤残等级鉴定结论或者对职业病诊断鉴定委员会的职业病诊断鉴定结论的异议纠纷；

（四）家庭或者个人与家政服务人员之间的纠纷；

（五）个体工匠与帮工、学徒之间的纠纷；

（六）农村承包经营户与受雇人之间的纠纷。

第三条　劳动争议案件由用人单位所在地或者劳动合同履行地的基层人民法院管辖。

劳动合同履行地不明确的，由用人单位所在地的基层人民法院管辖。

法律另有规定的，依照其规定。

第四条　劳动者与用人单位均不服劳动争议仲裁机构的同一裁决，向同一人民法院起诉的，人民法院应当并案审理，双方当事人互为原告和被告，对双方的诉讼请求，人民法院应当一并作出裁决。在诉讼过程中，一方当事人撤诉的，人民法院应当根据另一方当事人的诉讼请求继续审理。双方当事人就同一仲裁裁决分别向有管辖权的人民法院起诉的，后受理的人民法院应当将案件移送给先受理的人民法院。

第五条　劳动争议仲裁机构以无管辖权为由对劳动争议案件不予受理，当事人提起诉讼的，人民法院按照以下情形分别处理：

（一）经审查认为该劳动争议仲裁机构对案件确无管辖权的，应当告知当事人向有管辖权的劳动争议仲裁机构申请仲裁；

（二）经审查认为该劳动争议仲裁机构有管辖权的，应当告知当事人申请仲裁，并将审查意见书面通知该劳动争议仲裁机构；劳动争议仲裁机构仍不受理，当事人就该劳动争议事项提起诉讼的，人民法院应予受理。

第六条　劳动争议仲裁机构以当事人申请仲裁的事项不属于劳动争议为由，作出不予受理的书面裁决、决定或者通知，当事人不服依法提起诉讼的，人民法院应当分别情况予以处理：

（一）属于劳动争议案件的，应当受理；

（二）虽不属于劳动争议案件，但属于人民法院主管的其他案件，应当依法受理。

第七条　劳动争议仲裁机构以申请仲裁的主体不适格为由，作出不予受理的书面裁决、决定或者通知，当事人不服依法提起诉讼，经审查确属主体不适格的，人民法院不予受理；已经受理的，裁定驳回起诉。

第八条　劳动争议仲裁机构为纠正原仲裁裁决错误重新作出裁决，当事人不服依法提起诉讼的，人民法院应当受理。

第九条　劳动争议仲裁机构仲裁的事项不属于人民法院受理的案件范围，当事人不服依法提起诉讼的，人民法院不予受理；已经受理的，裁定驳回起诉。

第十条　当事人不服劳动争议仲裁机构作出的预先支付劳动者劳动报酬、工伤医疗费、经济补偿或者赔偿金的裁决，依法提起诉讼的，人民法院不予受理。

用人单位不履行上述裁决中的给付义务，劳动者依法申请强制执行的，人民法院应予受理。

第十一条　劳动争议仲裁机构作出的调解书已经发生法律效力，一方当事人反悔提起诉讼的，人民法院不予受理；已经受理的，裁定驳回起诉。

第十二条　劳动争议仲裁机构逾期未作出受理决定或仲裁裁决，当事人直接提起诉讼的，人民法院应予受理，但申请仲裁的案件存在下列事由的除外：

（一）移送管辖的；

（二）正在送达或者送达延误的；

（三）等待另案诉讼结果、评残结论的；

（四）正在等待劳动争议仲裁机构开庭的；

（五）启动鉴定程序或者委托其他部门调查取证的；

（六）其他正当事由。

当事人以劳动争议仲裁机构逾期未作出仲裁裁决为由提起诉讼的，应当提交该仲裁机构出具的受理通知书或者其他已接受仲裁申请的凭证、证明。

第十三条 劳动者依据劳动合同法第三十条第二款和调解仲裁法第十六条规定向人民法院申请支付令，符合民事诉讼法第十七章督促程序规定的，人民法院应予受理。

依据劳动合同法第三十条第二款规定申请支付令被人民法院裁定终结督促程序后，劳动者就劳动争议事项直接提起诉讼的，人民法院应当告知其先向劳动争议仲裁机构申请仲裁。

依据调解仲裁法第十六条规定申请支付令被人民法院裁定终结督促程序后，劳动者依据调解协议直接提起诉讼的，人民法院应予受理。

第十四条 人民法院受理劳动争议案件后，当事人增加诉讼请求的，如该诉讼请求与讼争的劳动争议具有不可分性，应当合并审理；如属独立的劳动争议，应当告知当事人向劳动争议仲裁机构申请仲裁。

第十五条 劳动者以用人单位的工资欠条为证据直接提起

诉讼，诉讼请求不涉及劳动关系其他争议的，视为拖欠劳动报酬争议，人民法院按照普通民事纠纷受理。

第十六条　劳动争议仲裁机构作出仲裁裁决后，当事人对裁决中的部分事项不服，依法提起诉讼的，劳动争议仲裁裁决不发生法律效力。

第十七条　劳动争议仲裁机构对多个劳动者的劳动争议作出仲裁裁决后，部分劳动者对仲裁裁决不服，依法提起诉讼的，仲裁裁决对提起诉讼的劳动者不发生法律效力；对未提起诉讼的部分劳动者，发生法律效力，如其申请执行的，人民法院应当受理。

第十八条　仲裁裁决的类型以仲裁裁决书确定为准。仲裁裁决书未载明该裁决为终局裁决或者非终局裁决，用人单位不服该仲裁裁决向基层人民法院提起诉讼的，应当按照以下情形分别处理：

（一）经审查认为该仲裁裁决为非终局裁决的，基层人民法院应予受理；

（二）经审查认为该仲裁裁决为终局裁决的，基层人民法院不予受理，但应告知用人单位可以自收到不予受理裁定书之日起三十日内向劳动争议仲裁机构所在地的中级人民法院申请撤销该仲裁裁决；已经受理的，裁定驳回起诉。

第十九条　仲裁裁决书未载明该裁决为终局裁决或者非终局裁决，劳动者依据调解仲裁法第四十七条第一项规定，追索劳动报酬、工伤医疗费、经济补偿或者赔偿金，如果仲裁裁决涉及数项，每项确定的数额均不超过当地月最低工资标准十二个月金额的，应当按照终局裁决处理。

第二十条　劳动争议仲裁机构作出的同一仲裁裁决同时包含终局裁决事项和非终局裁决事项，当事人不服该仲裁裁决向人民法院提起诉讼的，应当按照非终局裁决处理。

第二十一条　劳动者依据调解仲裁法第四十八条规定向基层人民法院提起诉讼，用人单位依据调解仲裁法第四十九条规定向劳动争议仲裁机构所在地的中级人民法院申请撤销仲裁裁决的，中级人民法院应当不予受理；已经受理的，应当裁定驳回申请。

被人民法院驳回起诉或者劳动者撤诉的，用人单位可以自收到裁定书之日起三十日内，向劳动争议仲裁机构所在地的中级人民法院申请撤销仲裁裁决。

第二十二条　用人单位依据调解仲裁法第四十九条规定向中级人民法院申请撤销仲裁裁决，中级人民法院作出的驳回申请或者撤销仲裁裁决的裁定为终审裁定。

第二十三条　中级人民法院审理用人单位申请撤销终局裁决的案件，应当组成合议庭开庭审理。经过阅卷、调查和询问当事人，对没有新的事实、证据或者理由，合议庭认为不需要开庭审理的，可以不开庭审理。

中级人民法院可以组织双方当事人调解。达成调解协议的，可以制作调解书。一方当事人逾期不履行调解协议的，另一方可以申请人民法院强制执行。

第二十四条　当事人申请人民法院执行劳动争议仲裁机构作出的发生法律效力的裁决书、调解书，被申请人提出证据证明劳动争议仲裁裁决书、调解书有下列情形之一，并经审查核实的，人民法院可以根据民事诉讼法第二百三十七条规定，裁定不予执行：

（一）裁决的事项不属于劳动争议仲裁范围，或者劳动争议仲裁机构无权仲裁的；

（二）适用法律、法规确有错误的；

（三）违反法定程序的；

（四）裁决所根据的证据是伪造的；

（五）对方当事人隐瞒了足以影响公正裁决的证据的；

（六）仲裁员在仲裁该案时有索贿受贿、徇私舞弊、枉法裁决行为的；

（七）人民法院认定执行该劳动争议仲裁裁决违背社会公共利益的。

人民法院在不予执行的裁定书中，应当告知当事人在收到裁定书之次日起三十日内，可以就该劳动争议事项向人民法院提起诉讼。

第二十五条　劳动争议仲裁机构作出终局裁决，劳动者向人民法院申请执行，用人单位向劳动争议仲裁机构所在地的中级人民法院申请撤销的，人民法院应当裁定中止执行。

用人单位撤回撤销终局裁决申请或者其申请被驳回的，人民法院应当裁定恢复执行。仲裁裁决被撤销的，人民法院应当裁定终结执行。

用人单位向人民法院申请撤销仲裁裁决被驳回后，又在执行程序中以相同理由提出不予执行抗辩的，人民法院不予支持。

第二十六条　用人单位与其它单位合并的，合并前发生的劳动争议，由合并后的单位为当事人；用人单位分立为若干单位的，其分立前发生的劳动争议，由分立后的实际用人单位为当事人。

用人单位分立为若干单位后，具体承受劳动权利义务的单位不明确的，分立后的单位均为当事人。

第二十七条　用人单位招用尚未解除劳动合同的劳动者，原用人单位与劳动者发生的劳动争议，可以列新的用人单位为第三人。

原用人单位以新的用人单位侵权为由提起诉讼的，可以列劳动者为第三人。

原用人单位以新的用人单位和劳动者共同侵权为由提起诉讼的，新的用人单位和劳动者列为共同被告。

第二十八条　劳动者在用人单位与其他平等主体之间的承包经营期间，与发包方和承包方双方或者一方发生劳动争议，依法提起诉讼的，应当将承包方和发包方作为当事人。

第二十九条　劳动者与未办理营业执照、营业执照被吊销或者营业期限届满仍继续经营的用人单位发生争议的，应当将用人单位或者其出资人列为当事人。

第三十条　未办理营业执照、营业执照被吊销或者营业期限届满仍继续经营的用人单位，以挂靠等方式借用他人营业执照经营的，应当将用人单位和营业执照出借方列为当事人。

第三十一条　当事人不服劳动争议仲裁机构作出的仲裁裁

决，依法提起诉讼，人民法院审查认为仲裁裁决遗漏了必须共同参加仲裁的当事人的，应当依法追加遗漏的人为诉讼当事人。

被追加的当事人应当承担责任的，人民法院应当一并处理。

第三十二条　用人单位与其招用的已经依法享受养老保险待遇或者领取退休金的人员发生用工争议而提起诉讼的，人民法院应当按劳务关系处理。

企业停薪留职人员、未达到法定退休年龄的内退人员、下岗待岗人员以及企业经营性停产放长假人员，因与新的用人单位发生用工争议而提起诉讼的，人民法院应当按劳动关系处理。

第三十三条　外国人、无国籍人未依法取得就业证件即与中华人民共和国境内的用人单位签订劳动合同，当事人请求确认与用人单位存在劳动关系的，人民法院不予支持。

持有《外国专家证》并取得《外国人来华工作许可证》的外国人，与中华人民共和国境内的用人单位建立用工关系的，可以认定为劳动关系。

第三十四条　劳动合同期满后，劳动者仍在原用人单位工作，原用人单位未表示异议的，视为双方同意以原条件继续履行劳动合同。一方提出终止劳动关系的，人民法院应予支持。

根据劳动合同法第十四条规定，用人单位应当与劳动者签订无固定期限劳动合同而未签订的，人民法院可以视为双方之间存在无固定期限劳动合同关系，并以原劳动合同确定双方的权利义务关系。

第三十五条 劳动者与用人单位就解除或者终止劳动合同办理相关手续、支付工资报酬、加班费、经济补偿或者赔偿金等达成的协议，不违反法律、行政法规的强制性规定，且不存在欺诈、胁迫或者乘人之危情形的，应当认定有效。

前款协议存在重大误解或者显失公平情形，当事人请求撤销的，人民法院应予支持。

第三十六条 当事人在劳动合同或者保密协议中约定了竞业限制，但未约定解除或者终止劳动合同后给予劳动者经济补偿，劳动者履行了竞业限制义务，要求用人单位按照劳动者在劳动合同解除或者终止前十二个月平均工资的 30％ 按月支付经济补偿的，人民法院应予支持。

前款规定的月平均工资的 30％ 低于劳动合同履行地最低工资标准的，按照劳动合同履行地最低工资标准支付。

第三十七条 当事人在劳动合同或者保密协议中约定了竞业限制和经济补偿，当事人解除劳动合同时，除另有约定外，用人单位要求劳动者履行竞业限制义务，或者劳动者履行了竞业限制义务后要求用人单位支付经济补偿的，人民法院应予支持。

第三十八条 当事人在劳动合同或者保密协议中约定了竞业限制和经济补偿，劳动合同解除或者终止后，因用人单位的原因导致三个月未支付经济补偿，劳动者请求解除竞业限制约定的，人民法院应予支持。

第三十九条 在竞业限制期限内，用人单位请求解除竞业限制协议的，人民法院应予支持。

在解除竞业限制协议时，劳动者请求用人单位额外支付劳动者三个月的竞业限制经济补偿的，人民法院应予支持。

第四十条　劳动者违反竞业限制约定，向用人单位支付违约金后，用人单位要求劳动者按照约定继续履行竞业限制义务的，人民法院应予支持。

第四十一条　劳动合同被确认为无效，劳动者已付出劳动的，用人单位应当按照劳动合同法第二十八条、第四十六条、第四十七条的规定向劳动者支付劳动报酬和经济补偿。

由于用人单位原因订立无效劳动合同，给劳动者造成损害的，用人单位应当赔偿劳动者因合同无效所造成的经济损失。

第四十二条　劳动者主张加班费的，应当就加班事实的存在承担举证责任。但劳动者有证据证明用人单位掌握加班事实存在的证据，用人单位不提供的，由用人单位承担不利后果。

第四十三条　用人单位与劳动者协商一致变更劳动合同，虽未采用书面形式，但已经实际履行了口头变更的劳动合同超过一个月，变更后的劳动合同内容不违反法律、行政法规且不违背公序良俗，当事人以未采用书面形式为由主张劳动合同变更无效的，人民法院不予支持。

第四十四条　因用人单位作出的开除、除名、辞退、解除劳动合同、减少劳动报酬、计算劳动者工作年限等决定而发生的劳动争议，用人单位负举证责任。

第四十五条　用人单位有下列情形之一，迫使劳动者提出解除劳动合同的，用人单位应当支付劳动者的劳动报酬和经济补偿，并可支付赔偿金：

（一）以暴力、威胁或者非法限制人身自由的手段强迫劳动的；

（二）未按照劳动合同约定支付劳动报酬或者提供劳动条件的；

（三）克扣或者无故拖欠劳动者工资的；

（四）拒不支付劳动者延长工作时间工资报酬的；

（五）低于当地最低工资标准支付劳动者工资的。

第四十六条　劳动者非因本人原因从原用人单位被安排到新用人单位工作，原用人单位未支付经济补偿，劳动者依据劳动合同法第三十八条规定与新用人单位解除劳动合同，或者新用人单位向劳动者提出解除、终止劳动合同，在计算支付经济补偿或赔偿金的工作年限时，劳动者请求把在原用人单位的工作年限合并计算为新用人单位工作年限的，人民法院应予支持。

用人单位符合下列情形之一的，应当认定属于"劳动者非因本人原因从原用人单位被安排到新用人单位工作"：

（一）劳动者仍在原工作场所、工作岗位工作，劳动合同主体由原用人单位变更为新用人单位；

（二）用人单位以组织委派或任命形式对劳动者进行工作调动；

（三）因用人单位合并、分立等原因导致劳动者工作调动；

（四）用人单位及其关联企业与劳动者轮流订立劳动合同；

（五）其他合理情形。

第四十七条　建立了工会组织的用人单位解除劳动合同符合劳动合同法第三十九条、第四十条规定，但未按照劳动合同法第四十三条规定事先通知工会，劳动者以用人单位违法解除劳动合同为由请求用人单位支付赔偿金的，人民法院应予支持，但起诉前用人单位已经补正有关程序的除外。

第四十八条　劳动合同法施行后，因用人单位经营期限届满不再继续经营导致劳动合同不能继续履行，劳动者请求用人单位支付经济补偿的，人民法院应予支持。

第四十九条　在诉讼过程中，劳动者向人民法院申请采取财产保全措施，人民法院经审查认为申请人经济确有困难，或者有证据证明用人单位存在欠薪逃匿可能的，应当减轻或者免除劳动者提供担保的义务，及时采取保全措施。

人民法院作出的财产保全裁定中，应当告知当事人在劳动争议仲裁机构的裁决书或者在人民法院的裁判文书生效后三个月内申请强制执行。逾期不申请的，人民法院应当裁定解除保全措施。

第五十条　用人单位根据劳动合同法第四条规定，通过民主程序制定的规章制度，不违反国家法律、行政法规及政策规定，并已向劳动者公示的，可以作为确定双方权利义务的依据。

用人单位制定的内部规章制度与集体合同或者劳动合同约定的内容不一致，劳动者请求优先适用合同约定的，人民法院应予支持。

第五十一条　当事人在调解仲裁法第十条规定的调解组织

主持下达成的具有劳动权利义务内容的调解协议，具有劳动合同的约束力，可以作为人民法院裁判的根据。

当事人在调解仲裁法第十条规定的调解组织主持下仅就劳动报酬争议达成调解协议，用人单位不履行调解协议确定的给付义务，劳动者直接提起诉讼的，人民法院可以按照普通民事纠纷受理。

第五十二条 当事人在人民调解委员会主持下仅就给付义务达成的调解协议，双方认为有必要的，可以共同向人民调解委员会所在地的基层人民法院申请司法确认。

第五十三条 用人单位对劳动者作出的开除、除名、辞退等处理，或者因其他原因解除劳动合同确有错误的，人民法院可以依法判决予以撤销。

对于追索劳动报酬、养老金、医疗费以及工伤保险待遇、经济补偿金、培训费及其他相关费用等案件，给付数额不当的，人民法院可以予以变更。

第五十四条 本解释自 2021 年 1 月 1 日起施行。

《劳动人事争议仲裁组织规则》

（2017 年 5 月 8 日人力资源社会保障部令
第 34 号公布 自 2017 年 7 月 1 日起施行）

第一章　总　则

第一条　为公正及时处理劳动人事争议（以下简称争议），根据《中华人民共和国劳动争议调解仲裁法》（以下简称调解仲裁法）和《中华人民共和国公务员法》《事业单位人事管理条例》《中国人民解放军文职人员条例》等有关法律、法规，制定本规则。

第二条　劳动人事争议仲裁委员会（以下简称仲裁委员会）由人民政府依法设立，专门处理争议案件。

第三条　人力资源社会保障行政部门负责指导本行政区域的争议调解仲裁工作，组织协调处理跨地区、有影响的重大争议，负责仲裁员的管理、培训等工作。

第二章　仲裁委员会及其办事机构

第四条　仲裁委员会按照统筹规划、合理布局和适应实际需要的原则设立，由省、自治区、直辖市人民政府依法决定。

第五条　仲裁委员会由干部主管部门代表、人力资源社会保障等相关行政部门代表、军队文职人员工作管理部门代表、工会代表和用人单位方面代表等组成。

仲裁委员会组成人员应当是单数。

第六条　仲裁委员会设主任一名，副主任和委员若干名。

仲裁委员会主任由政府负责人或者人力资源社会保障行政部门主要负责人担任。

第七条　仲裁委员会依法履行下列职责：

（一）聘任、解聘专职或者兼职仲裁员；

（二）受理争议案件；

（三）讨论重大或者疑难的争议案件；

（四）监督本仲裁委员会的仲裁活动；

（五）制定本仲裁委员会的工作规则；

（六）其他依法应当履行的职责。

第八条　仲裁委员会应当每年至少召开两次全体会议，研究本仲裁委员会职责履行情况和重要工作事项。

仲裁委员会主任或者三分之一以上的仲裁委员会组成人员提议召开仲裁委员会会议的，应当召开。

仲裁委员会的决定实行少数服从多数原则。

第九条　仲裁委员会下设实体化的办事机构，具体承担争议调解仲裁等日常工作。办事机构称为劳动人事争议仲裁院（以下简称仲裁院），设在人力资源社会保障行政部门。

仲裁院对仲裁委员会负责并报告工作。

第十条　仲裁委员会的经费依法由财政予以保障。仲裁经费包括人员经费、公用经费、仲裁专项经费等。

仲裁院可以通过政府购买服务等方式聘用记录人员、安保人员等办案辅助人员。

第十一条 仲裁委员会组成单位可以派兼职仲裁员常驻仲裁院，参与争议调解仲裁活动。

第三章 仲裁庭

第十二条 仲裁委员会处理争议案件实行仲裁庭制度，实行一案一庭制。

仲裁委员会可以根据案件处理实际需要设立派驻仲裁庭、巡回仲裁庭、流动仲裁庭，就近就地处理争议案件。

第十三条 处理下列争议案件应当由三名仲裁员组成仲裁庭，设首席仲裁员：

（一）十人以上并有共同请求的争议案件；

（二）履行集体合同发生的争议案件；

（三）有重大影响或者疑难复杂的争议案件；

（四）仲裁委员会认为应当由三名仲裁员组庭处理的其他争议案件。

简单争议案件可以由一名仲裁员独任仲裁。

第十四条 记录人员负责案件庭审记录等相关工作。

记录人员不得由本庭仲裁员兼任。

第十五条 仲裁庭组成不符合规定的，仲裁委员会应当予以撤销并重新组庭。

第十六条 仲裁委员会应当有专门的仲裁场所。仲裁场所应当悬挂仲裁徽章，张贴仲裁庭纪律及注意事项等，并配备仲裁庭专业设备、档案储存设备、安全监控设备和安检设施等。

第十七条　仲裁工作人员在仲裁活动中应当统一着装，佩戴仲裁徽章。

第四章　仲裁员

第十八条　仲裁员是由仲裁委员会聘任、依法调解和仲裁争议案件的专业工作人员。

仲裁员分为专职仲裁员和兼职仲裁员。专职仲裁员和兼职仲裁员在调解仲裁活动中享有同等权利，履行同等义务。

兼职仲裁员进行仲裁活动，所在单位应当予以支持。

第十九条　仲裁委员会应当依法聘任一定数量的专职仲裁员，也可以根据办案工作需要，依法从干部主管部门、人力资源社会保障行政部门、军队文职人员工作管理部门、工会、企业组织等相关机构的人员以及专家学者、律师中聘任兼职仲裁员。

第二十条　仲裁员享有以下权利：

（一）履行职责应当具有的职权和工作条件；

（二）处理争议案件不受干涉；

（三）人身、财产安全受到保护；

（四）参加聘前培训和在职培训；

（五）法律、法规规定的其他权利。

第二十一条　仲裁员应当履行以下义务：

（一）依法处理争议案件；

（二）维护国家利益和公共利益，保护当事人合法权益；

（三）严格执行廉政规定，恪守职业道德；

（四）自觉接受监督；

（五）法律、法规规定的其他义务。

第二十二条　仲裁委员会聘任仲裁员时，应当从符合调解仲裁法第二十条规定的仲裁员条件的人员中选聘。

仲裁委员会应当根据工作需要，合理配备专职仲裁员和办案辅助人员。专职仲裁员数量不得少于三名，办案辅助人员不得少于一名。

第二十三条　仲裁委员会应当设仲裁员名册，并予以公告。

省、自治区、直辖市人力资源社会保障行政部门应当将本行政区域内仲裁委员会聘任的仲裁员名单报送人力资源社会保障部备案。

第二十四条　仲裁员聘期一般为五年。仲裁委员会负责仲裁员考核，考核结果作为解聘和续聘仲裁员的依据。

第二十五条　仲裁委员会应当制定仲裁员工作绩效考核标准，重点考核办案质量和效率、工作作风、遵纪守法情况等。考核结果分为优秀、合格、不合格。

第二十六条　仲裁员有下列情形之一的，仲裁委员会应当予以解聘：

（一）聘期届满不再续聘的；

（二）在聘期内因工作岗位变动或者其他原因不再履行仲裁员职责的；

（三）年度考核不合格的；

（四）因违纪、违法犯罪不能继续履行仲裁员职责的；

（五）其他应当解聘的情形。

第二十七条 人力资源社会保障行政部门负责对拟聘任的仲裁员进行聘前培训。

拟聘为省、自治区、直辖市仲裁委员会仲裁员及副省级市仲裁委员会仲裁员的，参加人力资源社会保障部组织的聘前培训；拟聘为地（市）、县（区）仲裁委员会仲裁员的，参加省、自治区、直辖市人力资源社会保障行政部门组织的仲裁员聘前培训。

第二十八条 人力资源社会保障行政部门负责每年对本行政区域内的仲裁员进行政治思想、职业道德、业务能力和作风建设培训。

仲裁员每年脱产培训的时间累计不少于四十学时。

第二十九条 仲裁委员会应当加强仲裁员作风建设，培育和弘扬具有行业特色的仲裁文化。

第三十条 人力资源社会保障部负责组织制定仲裁员培训大纲，开发培训教材，建立师资库和考试题库。

第三十一条 建立仲裁员职业保障机制，拓展仲裁员职业发展空间。

第五章 仲裁监督

第三十二条 仲裁委员会应当建立仲裁监督制度，对申请受理、办案程序、处理结果、仲裁工作人员行为等进行监督。

第三十三条　仲裁员不得有下列行为：

（一）徇私枉法，偏袒一方当事人；

（二）滥用职权，侵犯当事人合法权益；

（三）利用职权为自己或者他人谋取私利；

（四）隐瞒证据或者伪造证据；

（五）私自会见当事人及其代理人，接受当事人及其代理人的请客送礼；

（六）故意拖延办案、玩忽职守；

（七）泄露案件涉及的国家秘密、商业秘密和个人隐私或者擅自透露案件处理情况；

（八）在受聘期间担任所在仲裁委员会受理案件的代理人；

（九）其他违法违纪的行为。

第三十四条　仲裁员有本规则第三十三条规定情形的，仲裁委员会视情节轻重，给予批评教育、解聘等处理；被解聘的，五年内不得再次被聘为仲裁员。仲裁员所在单位根据国家有关规定对其给予处分；构成犯罪的，依法追究刑事责任。

第三十五条　记录人员等办案辅助人员应当认真履行职责，严守工作纪律，不得有玩忽职守、偏袒一方当事人、泄露案件涉及的国家秘密、商业秘密和个人隐私或者擅自透露案件处理情况等行为。

办案辅助人员违反前款规定的，应当按照有关法律法规和本规则第三十四条的规定处理。

第六章　附　则

第三十六条　被聘任为仲裁员的，由人力资源社会保障部统一免费发放仲裁员证和仲裁徽章。

第三十七条　仲裁委员会对被解聘、辞职以及其他原因不再聘任的仲裁员，应当及时收回仲裁员证和仲裁徽章，并予以公告。

第三十八条　本规则自 2017 年 7 月 1 日起施行。2010 年 1 月 20 日人力资源社会保障部公布的《劳动人事争议仲裁组织规则》（人力资源和社会保障部令第 5 号）同时废止。

劳动人事争议仲裁办案规则

（2017 年 5 月 8 日人力资源社会保障部令
第 33 号公布　自 2017 年 7 月 1 日起施行）

第一章　总则

第一条　为公正及时处理劳动人事争议（以下简称争议），
规范仲裁办案程序，根据《中华人民共和国劳动争议调解仲裁
法》（以下简称调解仲裁法）以及《中华人民共和国公务员法》
（以下简称公务员法）、《事业单位人事管理条例》《中国人民解
放军文职人员条例》和有关法律、法规、国务院有关规定，制
定本规则。

第二条　本规则适用下列争议的仲裁：

（一）企业、个体经济组织、民办非企业单位等组织与劳
动者之间，以及机关、事业单位、社会团体与其建立劳动关系
的劳动者之间，因确认劳动关系，订立、履行、变更、解除和
终止劳动合同，工作时间、休息休假、社会保险、福利、培训
以及劳动保护，劳动报酬、工伤医疗费、经济补偿或者赔偿金
等发生的争议；

（二）实施公务员法的机关与聘任制公务员之间、参照公
务员法管理的机关（单位）与聘任工作人员之间因履行聘任合
同发生的争议；

（三）事业单位与其建立人事关系的工作人员之间因终止人事关系以及履行聘用合同发生的争议；

（四）社会团体与其建立人事关系的工作人员之间因终止人事关系以及履行聘用合同发生的争议；

（五）军队文职人员用人单位与聘用制文职人员之间因履行聘用合同发生的争议；

（六）法律、法规规定由劳动人事争议仲裁委员会（以下简称仲裁委员会）处理的其他争议。

第三条　仲裁委员会处理争议案件，应当遵循合法、公正的原则，先行调解，及时裁决。

第四条　仲裁委员会下设实体化的办事机构，称为劳动人事争议仲裁院（以下简称仲裁院）。

第五条　劳动者一方在十人以上并有共同请求的争议，或者因履行集体合同发生的劳动争议，仲裁委员会应当优先立案，优先审理。

第二章　一般规定

第六条　发生争议的用人单位未办理营业执照、被吊销营业执照、营业执照到期继续经营、被责令关闭、被撤销以及用人单位解散、歇业，不能承担相关责任的，应当将用人单位和其出资人、开办单位或者主管部门作为共同当事人。

第七条　劳动者与个人承包经营者发生争议，依法向仲裁委员会申请仲裁的，应当将发包的组织和个人承包经营者作为共同当事人。

第八条　劳动合同履行地为劳动者实际工作场所地，用人单位所在地为用人单位注册、登记地或者主要办事机构所在地。用人单位未经注册、登记的，其出资人、开办单位或者主管部门所在地为用人单位所在地。

双方当事人分别向劳动合同履行地和用人单位所在地的仲裁委员会申请仲裁的，由劳动合同履行地的仲裁委员会管辖。有多个劳动合同履行地的，由最先受理的仲裁委员会管辖。劳动合同履行地不明确的，由用人单位所在地的仲裁委员会管辖。

案件受理后，劳动合同履行地或者用人单位所在地发生变化的，不改变争议仲裁的管辖。

第九条　仲裁委员会发现已受理案件不属于其管辖范围的，应当移送至有管辖权的仲裁委员会，并书面通知当事人。

对上述移送案件，受移送的仲裁委员会应当依法受理。受移送的仲裁委员会认为移送的案件按照规定不属于其管辖，或者仲裁委员会之间因管辖争议协商不成的，应当报请共同的上一级仲裁委员会主管部门指定管辖。

第十条　当事人提出管辖异议的，应当在答辩期满前书面提出。仲裁委员会应当审查当事人提出的管辖异议，异议成立的，将案件移送至有管辖权的仲裁委员会并书面通知当事人；异议不成立的，应当书面决定驳回。

当事人逾期提出的，不影响仲裁程序的进行。

第十一条　当事人申请回避，应当在案件开庭审理前提出，并说明理由。回避事由在案件开庭审理后知晓的，也可以在庭审辩论终结前提出。

当事人在庭审辩论终结后提出回避申请的，不影响仲裁程序的进行。

仲裁委员会应当在回避申请提出的三日内，以口头或者书面形式作出决定。以口头形式作出的，应当记入笔录。

第十二条　仲裁员、记录人员是否回避，由仲裁委员会主任或者其委托的仲裁院负责人决定。仲裁委员会主任担任案件仲裁员是否回避，由仲裁委员会决定。

在回避决定作出前，被申请回避的人员应当暂停参与该案处理，但因案件需要采取紧急措施的除外。

第十三条　当事人对自己提出的主张有责任提供证据。与争议事项有关的证据属于用人单位掌握管理的，用人单位应当提供；用人单位不提供的，应当承担不利后果。

第十四条　法律没有具体规定、按照本规则第十三条规定无法确定举证责任承担的，仲裁庭可以根据公平原则和诚实信用原则，综合当事人举证能力等因素确定举证责任的承担。

第十五条　承担举证责任的当事人应当在仲裁委员会指定的期限内提供有关证据。当事人在该期限内提供证据确有困难的，可以向仲裁委员会申请延长期限，仲裁委员会根据当事人的申请适当延长。当事人逾期提供证据的，仲裁委员会应当责令其说明理由；拒不说明理由或者理由不成立的，仲裁委员会可以根据不同情形不予采纳该证据，或者采纳该证据但予以训诫。

第十六条　当事人因客观原因不能自行收集的证据，仲裁委员会可以根据当事人的申请，参照民事诉讼有关规定予以收集；仲裁委员会认为有必要的，也可以决定参照民事诉讼有关规定予以收集。

第十七条　仲裁委员会依法调查取证时，有关单位和个人应当协助配合。

仲裁委员会调查取证时，不得少于两人，并应当向被调查对象出示工作证件和仲裁委员会出具的介绍信。

第十八条　争议处理中涉及证据形式、证据提交、证据交换、证据质证、证据认定等事项，本规则未规定的，可以参照民事诉讼证据规则的有关规定执行。

第十九条　仲裁期间包括法定期间和仲裁委员会指定期间。

仲裁期间的计算，本规则未规定的，仲裁委员会可以参照民事诉讼关于期间计算的有关规定执行。

第二十条　仲裁委员会送达仲裁文书必须有送达回证，由受送达人在送达回证上记明收到日期，并签名或者盖章。受送达人在送达回证上的签收日期为送达日期。

因企业停业等原因导致无法送达且劳动者一方在十人以上的，或者受送达人拒绝签收仲裁文书的，通过在受送达人住所留置、张贴仲裁文书，并采用拍照、录像等方式记录的，自留置、张贴之日起经过三日即视为送达，不受本条第一款的限制。

仲裁文书的送达方式，本规则未规定的，仲裁委员会可以参照民事诉讼关于送达方式的有关规定执行。

第二十一条　案件处理终结后，仲裁委员会应当将处理过程中形成的全部材料立卷归档。

第二十二条　仲裁案卷分正卷和副卷装订。

正卷包括：仲裁申请书、受理（不予受理）通知书、答辩书、当事人及其他仲裁参加人的身份证明材料、授权委托书、调查证据、勘验笔录、当事人提供的证据材料、委托鉴定材料、开庭通知、庭审笔录、延期通知书、撤回仲裁申请书、调解书、裁决书、决定书、案件移送函、送达回证等。

副卷包括：立案审批表、延期审理审批表、中止审理审批表、调查提纲、阅卷笔录、会议笔录、评议记录、结案审批表等。

第二十三条　仲裁委员会应当建立案卷查阅制度。对案卷正卷材料，应当允许当事人及其代理人依法查阅、复制。

第二十四条　仲裁裁决结案的案卷，保存期不少于十年；仲裁调解和其他方式结案的案卷，保存期不少于五年；国家另有规定的，从其规定。

保存期满后的案卷，应当按照国家有关档案管理的规定处理。

第二十五条　在仲裁活动中涉及国家秘密或者军事秘密的，按照国家或者军队有关保密规定执行。

当事人协议不公开或者涉及商业秘密和个人隐私的，经相关当事人书面申请，仲裁委员会应当不公开审理。

第三章　仲裁程序

第一节　申请和受理

第二十六条　本规则第二条第（一）、（三）、（四）、（五）项规定的争议，申请仲裁的时效期间为一年。仲裁时效期间从当事人知道或者应当知道其权利被侵害之日起计算。

本规则第二条第（二）项规定的争议，申请仲裁的时效期间适用公务员法有关规定。

劳动人事关系存续期间因拖欠劳动报酬发生争议的，劳动者申请仲裁不受本条第一款规定的仲裁时效期间的限制；但是，劳动人事关系终止的，应当自劳动人事关系终止之日起一年内提出。

第二十七条　在申请仲裁的时效期间内，有下列情形之一的，仲裁时效中断：

（一）一方当事人通过协商、申请调解等方式向对方当事人主张权利的；

（二）一方当事人通过向有关部门投诉，向仲裁委员会申请仲裁，向人民法院起诉或者申请支付令等方式请求权利救济的；

（三）对方当事人同意履行义务的。

从中断时起，仲裁时效期间重新计算。

第二十八条　因不可抗力，或者有无民事行为能力或者限制民事行为能力劳动者的法定代理人未确定等其他正当理由，当事人不能在规定的仲裁时效期间申请仲裁的，仲裁时效中止。从中止时效的原因消除之日起，仲裁时效期间继续计算。

第二十九条 申请人申请仲裁应当提交书面仲裁申请，并按照被申请人人数提交副本。

仲裁申请书应当载明下列事项：

（一）劳动者的姓名、性别、出生日期、身份证件号码、住所、通讯地址和联系电话，用人单位的名称、住所、通讯地址、联系电话和法定代表人或者主要负责人的姓名、职务；

（二）仲裁请求和所根据的事实、理由；

（三）证据和证据来源，证人姓名和住所。

书写仲裁申请确有困难的，可以口头申请，由仲裁委员会记入笔录，经申请人签名、盖章或者捺印确认。

对于仲裁申请书不规范或者材料不齐备的，仲裁委员会应当当场或者在五日内一次性告知申请人需要补正的全部材料。

仲裁委员会收取当事人提交的材料应当出具收件回执。

第三十条 仲裁委员会对符合下列条件的仲裁申请应当予以受理，并在收到仲裁申请之日起五日内向申请人出具受理通知书：

（一）属于本规则第二条规定的争议范围；

（二）有明确的仲裁请求和事实理由；

（三）申请人是与本案有直接利害关系的自然人、法人或者其他组织，有明确的被申请人；

（四）属于本仲裁委员会管辖范围。

第三十一条 对不符合本规则第三十条第（一）、（二）、（三）项规定之一的仲裁申请，仲裁委员会不予受理，并在收到仲裁申请之日起五日内向申请人出具不予受理通知书；对不符合本规则第三十条第（四）项规定的仲裁申请，仲裁委员会应当在收到仲裁申请之日起五日内，向申请人作出书面说明并告知申请人向有管辖权的仲裁委员会申请仲裁。

对仲裁委员会逾期未作出决定或者决定不予受理的，申请人可以就该争议事项向人民法院提起诉讼。

第三十二条　仲裁委员会受理案件后，发现不应当受理的，除本规则第九条规定外，应当撤销案件，并自决定撤销案件后五日内，以决定书的形式通知当事人。

第三十三条　仲裁委员会受理仲裁申请后，应当在五日内将仲裁申请书副本送达被申请人。

被申请人收到仲裁申请书副本后，应当在十日内向仲裁委员会提交答辩书。仲裁委员会收到答辩书后，应当在五日内将答辩书副本送达申请人。被申请人逾期未提交答辩书的，不影响仲裁程序的进行。

第三十四条　符合下列情形之一，申请人基于同一事实、理由和仲裁请求又申请仲裁的，仲裁委员会不予受理：

（一）仲裁委员会已经依法出具不予受理通知书的；

（二）案件已在仲裁、诉讼过程中或者调解书、裁决书、判决书已经发生法律效力的。

第三十五条　仲裁处理结果作出前，申请人可以自行撤回仲裁申请。申请人再次申请仲裁的，仲裁委员会应当受理。

第三十六条　被申请人可以在答辩期间提出反申请，仲裁委员会应当自收到被申请人反申请之日起五日内决定是否受理并通知被申请人。

决定受理的，仲裁委员会可以将反申请和申请合并处理。

反申请应当另行申请仲裁的，仲裁委员会应当书面告知被申请人另行申请仲裁；反申请不属于本规则规定应当受理的，仲裁委员会应当向被申请人出具不予受理通知书。

被申请人答辩期满后对申请人提出反申请的，应当另行申请仲裁。

第二节　开庭和裁决

第三十七条　仲裁委员会应当在受理仲裁申请之日起五日内组成仲裁庭并将仲裁庭的组成情况书面通知当事人。

第三十八条　仲裁庭应当在开庭五日前，将开庭日期、地点书面通知双方当事人。当事人有正当理由的，可以在开庭三日前请求延期开庭。是否延期，由仲裁委员会根据实际情况决定。

第三十九条　申请人收到书面开庭通知，无正当理由拒不到庭或者未经仲裁庭同意中途退庭的，可以按撤回仲裁申请处理；申请人重新申请仲裁的，仲裁委员会不予受理。被申请人收到书面开庭通知，无正当理由拒不到庭或者未经仲裁庭同意中途退庭的，仲裁庭可以继续开庭审理，并缺席裁决。

第四十条　当事人申请鉴定的，鉴定费由申请鉴定方先行垫付，案件处理终结后，由鉴定结果对其不利方负担。鉴定结果不明确的，由申请鉴定方负担。

第四十一条　开庭审理前，记录人员应当查明当事人和其他仲裁参与人是否到庭，宣布仲裁庭纪律。

开庭审理时，由仲裁员宣布开庭、案由和仲裁员、记录人员名单，核对当事人，告知当事人有关的权利义务，询问当事人是否提出回避申请。

开庭审理中，仲裁员应当听取申请人的陈述和被申请人的答辩，主持庭审调查、质证和辩论、征询当事人最后意见，并进行调解。

第四十二条 仲裁庭应当将开庭情况记入笔录。当事人或者其他仲裁参与人认为对自己陈述的记录有遗漏或者差错的，有权当庭申请补正。仲裁庭认为申请无理由或者无必要的，可以不予补正，但是应当记录该申请。

仲裁员、记录人员、当事人和其他仲裁参与人应当在庭审笔录上签名或者盖章。当事人或者其他仲裁参与人拒绝在庭审笔录上签名或者盖章的，仲裁庭应当记明情况附卷。

第四十三条 仲裁参与人和其他人应当遵守仲裁庭纪律，不得有下列行为：

（一）未经准许进行录音、录像、摄影；

（二）未经准许以移动通信等方式现场传播庭审活动；

（三）其他扰乱仲裁庭秩序、妨害审理活动进行的行为。

仲裁参与人或者其他人有前款规定的情形之一的，仲裁庭可以训诫、责令退出仲裁庭，也可以暂扣进行录音、录像、摄影、传播庭审活动的器材，并责令其删除有关内容。拒不删除的，可以采取必要手段强制删除，并将上述事实记入庭审笔录。

第四十四条 申请人在举证期限届满前可以提出增加或者

变更仲裁请求；仲裁庭对申请人增加或者变更的仲裁请求审查后认为应当受理的，应当通知被申请人并给予答辩期，被申请人明确表示放弃答辩期的除外。

申请人在举证期限届满后提出增加或者变更仲裁请求的，应当另行申请仲裁。

第四十五条 仲裁庭裁决案件，应当自仲裁委员会受理仲裁申请之日起四十五日内结束。案情复杂需要延期的，经仲裁委员会主任或者其委托的仲裁院负责人书面批准，可以延期并书面通知当事人，但延长期限不得超过十五日。

第四十六条 有下列情形的，仲裁期限按照下列规定计算：

（一）仲裁庭追加当事人或者第三人的，仲裁期限从决定追加之日起重新计算；

（二）申请人需要补正材料的，仲裁委员会收到仲裁申请的时间从材料补正之日起重新计算；

（三）增加、变更仲裁请求的，仲裁期限从受理增加、变更仲裁请求之日起重新计算；

（四）仲裁申请和反申请合并处理的，仲裁期限从受理反申请之日起重新计算；

（五）案件移送管辖的，仲裁期限从接受移送之日起重新计算；

（六）中止审理期间、公告送达期间不计入仲裁期限内；

（七）法律、法规规定应当另行计算的其他情形。

第四十七条 有下列情形之一的，经仲裁委员会主任或者其委托的仲裁院负责人批准，可以中止案件审理，并书面通知当事人：

（一）劳动者一方当事人死亡，需要等待继承人表明是否参加仲裁的；

（二）劳动者一方当事人丧失民事行为能力，尚未确定法定代理人参加仲裁的；

（三）用人单位终止，尚未确定权利义务承继者的；

（四）一方当事人因不可抗拒的事由，不能参加仲裁的；

（五）案件审理需要以其他案件的审理结果为依据，且其他案件尚未审结的；

（六）案件处理需要等待工伤认定、伤残等级鉴定以及其他鉴定结论的；

（七）其他应当中止仲裁审理的情形。

中止审理的情形消除后，仲裁庭应当恢复审理。

第四十八条　当事人因仲裁庭逾期未作出仲裁裁决而向人民法院提起诉讼并立案受理的，仲裁委员会应当决定该案件终止审理；当事人未就该争议事项向人民法院提起诉讼的，仲裁委员会应当继续处理。

第四十九条　仲裁庭裁决案件时，其中一部分事实已经清楚的，可以就该部分先行裁决。当事人对先行裁决不服的，可以按照调解仲裁法有关规定处理。

第五十条　仲裁庭裁决案件时，申请人根据调解仲裁法第四十七条第（一）项规定，追索劳动报酬、工伤医疗费、经济补偿或者赔偿金，如果仲裁裁决涉及数项，对单项裁决数额不超过当地月最低工资标准十二个月金额的事项，应当适用终局裁决。

前款经济补偿包括《中华人民共和国劳动合同法》（以下简称劳动合同法）规定的竞业限制期限内给予的经济补偿、解除或者终止劳动合同的经济补偿等；赔偿金包括劳动合同法规定的未签订书面劳动合同第二倍工资、违法约定试用期的赔偿金、违法解除或者终止劳动合同的赔偿金等。

根据调解仲裁法第四十七条第（二）项的规定，因执行国家的劳动标准在工作时间、休息休假、社会保险等方面发生的争议，应当适用终局裁决。

仲裁庭裁决案件时，裁决内容同时涉及终局裁决和非终局裁决的，应当分别制作裁决书，并告知当事人相应的救济权利。

第五十一条 仲裁庭对追索劳动报酬、工伤医疗费、经济补偿或者赔偿金的案件，根据当事人的申请，可以裁决先予执行，移送人民法院执行。

仲裁庭裁决先予执行的，应当符合下列条件：

（一）当事人之间权利义务关系明确；

（二）不先予执行将严重影响申请人的生活。

劳动者申请先予执行的，可以不提供担保。

第五十二条 裁决应当按照多数仲裁员的意见作出，少数仲裁员的不同意见应当记入笔录。仲裁庭不能形成多数意见时，裁决应当按照首席仲裁员的意见作出。

第五十三条 裁决书应当载明仲裁请求、争议事实、裁决理由、裁决结果、当事人权利和裁决日期。裁决书由仲裁员签名，加盖仲裁委员会印章。对裁决持不同意见的仲裁员，可以签名，也可以不签名。

第五十四条　对裁决书中的文字、计算错误或者仲裁庭已经裁决但在裁决书中遗漏的事项，仲裁庭应当及时制作决定书予以补正并送达当事人。

第五十五条　当事人对裁决不服向人民法院提起诉讼的，按照调解仲裁法有关规定处理。

第三节　简易处理

第五十六条　争议案件符合下列情形之一的，可以简易处理：

（一）事实清楚、权利义务关系明确、争议不大的；

（二）标的额不超过本省、自治区、直辖市上年度职工年平均工资的；

（三）双方当事人同意简易处理的。

仲裁委员会决定简易处理的，可以指定一名仲裁员独任仲裁，并应当告知当事人。

第五十七条　争议案件有下列情形之一的，不得简易处理：

（一）涉及国家利益、社会公共利益的；

（二）有重大社会影响的；

（三）被申请人下落不明的；

（四）仲裁委员会认为不宜简易处理的。

第五十八条　简易处理的案件，经与被申请人协商同意，仲裁庭可以缩短或者取消答辩期。

第五十九条　简易处理的案件，仲裁庭可以用电话、短信、传真、电子邮件等简便方式送达仲裁文书，但送达调解书、裁决书除外。

以简便方式送达的开庭通知，未经当事人确认或者没有其他证据证明当事人已经收到的，仲裁庭不得按撤回仲裁申请处理或者缺席裁决。

第六十条　简易处理的案件，仲裁庭可以根据案件情况确定举证期限、开庭日期、审理程序、文书制作等事项，但应当保障当事人陈述意见的权利。

第六十一条　仲裁庭在审理过程中，发现案件不宜简易处理的，应当在仲裁期限届满前决定转为按照一般程序处理，并告知当事人。

案件转为按照一般程序处理的，仲裁期限自仲裁委员会受理仲裁申请之日起计算，双方当事人已经确认的事实，可以不再进行举证、质证。

第四节　集体劳动人事争议处理

第六十二条　处理劳动者一方在十人以上并有共同请求的争议案件，或者因履行集体合同发生的劳动争议案件，适用本节规定。

符合本规则第五十六条第一款规定情形之一的集体劳动人事争议案件，可以简易处理，不受本节规定的限制。

第六十三条　发生劳动者一方在十人以上并有共同请求的争议的，劳动者可以推举三至五名代表参加仲裁活动。代表人参加仲裁的行为对其所代表的当事人发生效力，但代表人变更、放弃仲裁请求或者承认对方当事人的仲裁请求，进行和解，必须经被代表的当事人同意。

因履行集体合同发生的劳动争议，经协商解决不成的，工会可以依法申请仲裁；尚未建立工会的，由上级工会指导劳动者推举产生的代表依法申请仲裁。

第六十四条　仲裁委员会应当自收到当事人集体劳动人事争议仲裁申请之日起五日内作出受理或者不予受理的决定。决定受理的，应当自受理之日起五日内将仲裁庭组成人员、答辩期限、举证期限、开庭日期和地点等事项一次性通知当事人。

第六十五条　仲裁委员会处理集体劳动人事争议案件，应当由三名仲裁员组成仲裁庭，设首席仲裁员。

仲裁委员会处理因履行集体合同发生的劳动争议，应当按照三方原则组成仲裁庭处理。

第六十六条　仲裁庭处理集体劳动人事争议，开庭前应当引导当事人自行协商，或者先行调解。

仲裁庭处理集体劳动人事争议案件，可以邀请法律工作者、律师、专家学者等第三方共同参与调解。

协商或者调解未能达成协议的，仲裁庭应当及时裁决。

第六十七条　仲裁庭开庭场所可以设在发生争议的用人单位或者其他便于及时处理争议的地点。

第四章　调解程序

第一节　仲裁调解

第六十八条　仲裁委员会处理争议案件，应当坚持调解优先，引导当事人通过协商、调解方式解决争议，给予必要的法律释明以及风险提示。

第六十九条　对未经调解、当事人直接申请仲裁的争议，仲裁委员会可以向当事人发出调解建议书，引导其到调解组织进行调解。当事人同意先行调解的，应当暂缓受理；当事人不同意先行调解的，应当依法受理。

第七十条　开庭之前，经双方当事人同意，仲裁庭可以委托调解组织或者其他具有调解能力的组织、个人进行调解。

自当事人同意之日起十日内未达成调解协议的，应当开庭审理。

第七十一条　仲裁庭审理争议案件时，应当进行调解。必要时可以邀请有关单位、组织或者个人参与调解。

第七十二条　仲裁调解达成协议的，仲裁庭应当制作调解书。

调解书应当写明仲裁请求和当事人协议的结果。调解书由仲裁员签名，加盖仲裁委员会印章，送达双方当事人。调解书经双方当事人签收后，发生法律效力。

调解不成或者调解书送达前，一方当事人反悔的，仲裁庭应当及时作出裁决。

第七十三条　当事人就部分仲裁请求达成调解协议的，仲裁庭可以就该部分先行出具调解书。

第二节　调解协议的仲裁审查

第七十四条　经调解组织调解达成调解协议的，双方当事人可以自调解协议生效之日起十五日内，共同向有管辖权的仲裁委员会提出仲裁审查申请。

当事人申请审查调解协议，应当向仲裁委员会提交仲裁审查申请书、调解协议和身份证明、资格证明以及其他与调解协议相关的证明材料，并提供双方当事人的送达地址、电话号码等联系方式。

第七十五条　仲裁委员会收到当事人仲裁审查申请，应当及时决定是否受理。决定受理的，应当出具受理通知书。

有下列情形之一的，仲裁委员会不予受理：

（一）不属于仲裁委员会受理争议范围的；

（二）不属于本仲裁委员会管辖的；

（三）超出规定的仲裁审查申请期间的；

（四）确认劳动关系的；

（五）调解协议已经人民法院司法确认的。

第七十六条　仲裁委员会审查调解协议，应当自受理仲裁审查申请之日起五日内结束。因特殊情况需要延期的，经仲裁委员会主任或者其委托的仲裁院负责人批准，可以延长五日。

调解书送达前，一方或者双方当事人撤回仲裁审查申请的，仲裁委员会应当准许。

第七十七条　仲裁委员会受理仲裁审查申请后，应当指定仲裁员对调解协议进行审查。

仲裁委员会经审查认为调解协议的形式和内容合法有效的，应当制作调解书。调解书的内容应当与调解协议的内容相一致。调解书经双方当事人签收后，发生法律效力。

第七十八条　调解协议具有下列情形之一的，仲裁委员会不予制作调解书：

（一）违反法律、行政法规强制性规定的；

（二）损害国家利益、社会公共利益或者公民、法人、其他组织合法权益的；

（三）当事人提供证据材料有弄虚作假嫌疑的；

（四）违反自愿原则的；

（五）内容不明确的；

（六）其他不能制作调解书的情形。

仲裁委员会决定不予制作调解书的，应当书面通知当事人。

第七十九条　当事人撤回仲裁审查申请或者仲裁委员会决定不予制作调解书的，应当终止仲裁审查。

第五章　附则

第八十条　本规则规定的"三日"、"五日"、"十日"指工作日，"十五日"、"四十五日"指自然日。

第八十一条　本规则自 2017 年 7 月 1 日起施行。2009 年 1 月 1 日人力资源社会保障部公布的《劳动人事争议仲裁办案规则》（人力资源和社会保障部令第 2 号）同时废止。

后　记

　　本书的写作告一段落，但关于我国劳动争议处理制度的讨论却远未完结。劳动是社会的基石，是国家发展的微观基础。劳动权是宪法保障的重要权利，尊重劳动、崇尚劳动也是社会主义社会道德观念的应有之义。但具体到现实生活中，劳动必然要发生于某一段具体的生产关系之下，涉及到人与人之间的利益分配问题，这就不可避免的会产生争端，也就是劳动争议。对劳动争议的处理，会对劳动关系的缔结和履行产生一定的影响，进而影响到整体劳动生产效率，影响生产力的发展。合理高效的劳动争议处理制度，能够极大地促进生产力的发展，促进国家和社会的整体进步，有助于中华民族伟大复兴目标的实现。这也是本书写作的意义所在。

　　本书通过借鉴国外劳动争议处理制度的经验，结合我国实际，针对现行劳动争议处理制度中存在的问题，提出了相应的完善措施。针对现行劳动争议处理制度中四种争议处理方式——协商、调解、仲裁、诉讼，一一指出其在实践运行中存在的制度上的不完善之处，分析这些问题产生的原因并提出相应的完善措施，并在提出相应的完善措施之时注重维护该种争议处理方式独有特征，使其不至于和其他争议处理方式相混淆。这些完善措施不敢夸说是什么药到病除的良方，但也是笔者在长期的劳动法律教学和司法实践中通过自身艰苦思考得出的结论，希望能够为我国劳动法律争议处理制度的完善尽一份力。

笔者深知，本书所涉及的劳动争议处理制度的内容，在关于中华人民共和国劳动制度的探讨中，不过是一朵不起眼的小浪花。这不仅是因为有很多优秀的学者在这一领域发表了众多观点鲜明、思想深刻的大作，更是因为作为劳动争议处理制度最深层的核心问题——劳动，一直处于发展变化之中。随着时代的发展，我国从建国之初一穷二白的农业大国发展到了今天世界上唯一一个拥有全部联合国工业门类分类的工业大国，从计划经济走向了中国特色社会主义市场经济。每一个时代的发展脚步，都意味着劳动的变化，也就意味着立足于其之上的劳动关系的发展变化，相应的劳动争议处理制度的变化更是不言而喻。而随着我国迈上建设社会主义现代化强国新征程，随着中华民族伟大复兴宏伟目标的逐步实现，随着信息化、智能化的不断发展，劳动在可见的将来必然会呈现出更多的形式，有着更丰富的内容，更灵活的形态。劳动争议处理制度必然要迎接更为剧烈的发展变化，有着更为丰富的研究素材。应该说，能够亲眼见证这样一个宏伟的变化历程，这是一名研究者的幸运。我愿意跟随这一伟大变化的脚步，持之以恒的在劳动法律制度领域继续钻研下去，贡献自己作为一名劳动法学人的思考。